看 见 · 行 动 ·

让幼儿在"玩创"中快乐成长

吕美芬 ◎编著

上海教育出版社
SHANGHAI EDUCATIONAL
PUBLISHING HOUSE

本书编委会

主任：吕美芬

编委：戴　隽　周建青　赵　萍

序　言

　　近年来，随着人工智能（Artificial Intelligence, AI）特别是以 ChatGPT 为代表的大模型（LLM）的迅速崛起并成为引领未来社会变革的一大动力，标志着信息社会进入了大模型主导的新阶段。如何培养具有个性和创造力、能应对人工智能挑战（包括劳动力市场、生活方式等）的人，已经成为当代教育者的追求。已有研究证实，童年时代是学习者形成自己的 STEM 认同和职业兴趣的时期。STEM 教育与学前教育有着诸多契合点，都强调以儿童的兴趣为导向，鼓励儿童动手操作，在主动的活动参与中建构知识、养成技能、探究发现，获得直接经验，实现差异性学习。STEM 教育过程也是一个动态过程，幼儿教师的角色正在从以教师为中心的活动督导转变为促进儿童 STEM 相关学习。

　　STEM 教育日益受到全社会的关注。从近年来出台的相关政策文件来看，STEM 教育已被提升到国家战略层面。2016 年，教育部在《教育信息化"十三五"规划》中明确提出，有条件的地区要积极探索信息技术在"众创空间"、跨学科学习（STEM 教育）、创客教育等新教育模式中的应用。2017 年，中国教育科学研究院和中国教育科学研究院 STEM 研究中心联合发布了《中国 STEM 教育白皮书》，启动"中国 STEM 教育 2029 创新行动计划"。该计划旨在完善 STEM 课程与教学体系，促进各学段 STEM 教育的有效衔接，并提高相关活动的吸引力、科学性与教育质量，确保每位学生都有机会参与 STEM 活动。

为贯彻 STEM 理念，促进幼儿全面发展和个性发展，上海市嘉定区叶城幼儿园在吕美芬园长的带领下，在一线进行深入的实践。如开展 4 年的区级重点课题——"基于 STEAM 理念的幼儿'小创客'活动研究"。在此课题中，他们对 STEM 教育进行了深入探索和有效实践，以及对课题的持续研究与优化。同时，幼儿园还形成了"小项目　大世界——STEM+ 小项目活动方案""我们一起玩——项目化户外活动案例集"等一系列 STEM+ 小创客研究成果。

在已有研究基础上，叶城幼儿园进一步引入了"玩创"概念，实现了从 STEM+ 小创客到 STEM+ 玩创活动的过渡，展现了一种更具趣味性和创造性的教育方式。通过整合游戏元素，旨在打破传统教育的束缚，让学习过程变得更加轻松有趣，从而激发幼儿的创造力和动手实践兴趣。这种学习的转变要求改变学习文化，让以实践为基础的问题解决（如 STEM 教育中设计和应用）成为现实生活学习体验的关键组成部分。实践（不仅仅是传授或直接教授 STEM 内容知识）可以帮助孩子在学习过程中建立 STEM 内容知识和批判性思维。这些孩子通过理解现实生活中的 STEM 现象，培养解决现实问题的能力，成为富有创造力的学习者。

实施 STEM 活动，也在带动和促进幼儿教师的成长。教师更愿意为儿童提供参与以儿童为中心的学习机会，依靠演示和解释的传统科学教学方法正逐渐被更具参与性和互动性的方法所取代。教师们认识到将现实生活经验和 STEM 概念的课堂实践结合起来以实现学习进步的重要性。这有助于儿童更好地理解 STEM 内容知识，培养他们的好奇心和想象力，提高他们在日常活动中解决问题的能力。教师鼓励孩子们利用现有资源，积极探索 STEM 的相关概念和活动，也可以与同龄人交流信息，互相帮助。同时，教师作为合作者的参与可以更好地促进孩子的想象力、创造力和与他人合作能力的发展。STEM 活动中师生关系的高度温暖和开放沟通对儿童的认知发展、自我调节和社会技能——如主张、沟通、合作、共情、投入、责任和自我控制——产生了积极而长期的影响。

当然，要认识到 STEM 教育的价值，教师应该理解"学术学习"（基于智力能力，如记忆、重复、计数、阅读和背诵）和"深度学习"之间的区别。"深度学习"是通过与儿童环境中的真实事物自然互动进行的，并涉及认知操作，如推理、预测、得出结论、决策等。研究表明，儿童受益于情境化的综合课程。整合通常会加深对相关概念的理解，提高解决问题的能力，并支持理解科学概念如何在现实世界中发挥作用/应用。STEM 教育对幼儿的一个重要价值也是在自然、有意义的环境中获得科学语言的可能性——这使得这种语言更容易、更方便，随时可以迁移到其他环境中。将语言艺术融入 STEM 活动中，不仅有助于获得科学词汇的过程，而且支持口头交流，也就是"为学习而说话"创造了环境。布鲁纳将能够表达自己的思考过程，以便与他人分享经验并寻找/协商共同的意义描述为"外化"，并应被视为在课堂上创造"思维文化"的重要工具。

本书共有六章，主要介绍了 STEM+ 小创客的教育理念与实践成效，以及通过 STEM+ 班本化项目活动、STEM+ 创客小镇、STEM+ 课堂和 STEM+ 小梦童科技节等四个方面的实践成果，深入展示 STEM+ 玩创活动在幼儿园中的应用，并讲述了 STEM+ 玩创活动的成效与展望。从 STEM+ 小创客到 STEM+ 玩创活动的演变，不仅满足了幼儿的成长需求，推动了教师的专业发展，而且促进了园所内涵的发展。

在撰写本书的过程中，叶城幼儿园的教师们参考了大量文献资料，并引用了一些同行前辈的研究成果。我们也希望本书能为广大幼儿教育工作者提供有益的思考和启示，并能促进 STEM+ 玩创活动在幼儿园阶段的深入推广和应用，为培养具备创新意识和综合能力的未来人才作出贡献。

最后，期待在 STEM+ 玩创活动的道路上，与各位携手同行，共同进步。也期待幼儿 STEM 教育为培养未来的创造性人才提供更好的平台。

是为序。

华东师范大学教育高等研究院

2024 年 2 月

目　录

第一章

STEM+ 玩创活动的前身

在科技迅速发展的时代背景下，我园开展了 STEM+ 玩创活动，而它的前身正是 STEM+ 小创客教育活动。STEM+ 小创客教育作为一种新兴的教育理念，正逐渐崭露头角，为培养具备创新精神与实践能力的未来人才开辟着新的途径。其整合了科学（Science）、技术（Technology）、工程（Engineering）、数学（Mathematics）四大领域的知识，并引入"小创客"的理念，为儿童真正营造了一个充满探索、发现与创造的学习环境，具有跨学科整合、项目化学习、情境创设等特点。

一、STEM+ 小创客教育研究背景

（一）STEM 教育受到全球的关注

自 1986 年美国科学委员会提出改革高校的 STEM 教育以来，历届美国政府均高度重视 STEM 教育。美国政府连续发布了近 20 项与 STEM 教育相关的政策、法案和研究报告，投入了大量教育资金，推动各类 STEM 教育项目的发展。美国对 STEM 教育的热情引起了世界各国的关注和重视。

英国将 STEM 教育视为国家战略，政府各部门合作进行顶层设计，推动设立国家级 STEM 凝聚力计划（The STEM Cohesion Programme），广泛动员社会各界参与 STEM 教育，旨在提升 STEM 人才的数量和质量。通过建立国家 STEM 中心（The National STEM Center），英国组织开发示范性 STEM 课程，并为教师提供高质量的教学资源和指导。为提升基础教育阶段学生的 STEM 能力，英国将科学与数学列为国家核心课程，并通过国家课程委员会和考试与评定委员会对课程教学和质量进行统筹评估。同时，自 2015 年起，英国启动了为期 5 年的教师培训项目，投入 6700 万英镑，额外培养 2500 名数学和物理教师，并为 15000 名非 STEM 专业教师提供职业培训。

德国的 STEM 教育（通常称为 MINT 教育），聚焦于应对高质量综合性劳动力的缺乏问题。2008 年，德国发布《德累斯顿决议》，将 MINT 教育定为教育发展的重要目标，重视基础教育、职业教育与高等教育的有效衔接，构建从学前教育到基础教

育再到高等教育的"STEM 教育链"。诸多举措（如修改课程标准、推动教学方法改革、建立校企合作实验室、评选 STEM 典范学校、设立各类青少年 STEM 竞赛、鼓励青少年投身 STEM 专业等）旨在加强学习者对 STEM 领域的兴趣，提升学习成效，以应对国内中长期 STEM 技能劳动力缺乏的现实问题。

芬兰的 LUMA 教育以"人人学习 STEM"为总目标，将 STEM 教育与阅读、写作、数学等学科相互融合，使 STEM 教育的理念和思想渗透至各科课程之中。它并非把 STEM 教育视为独立的学科或课程，而把它作为解决现实问题的一种方法，鼓励学生将学科知识与实际问题相结合，以发展其实践和问题解决能力。自 2016 年 8 月起，芬兰将这一理念融入国家核心课程，通过主题教学促进学科间的交叉融合，将课程内容与实际生活连接，体现课程的核心价值，并采取了包括成立国家 LUMA 中心、协调全国 STEM 教育合作网络、整合教育机构与工商企业等多方力量的举措，共同推进从幼儿园到大学各层次的 STEM 教育。

澳大利亚最初以州为主体实施 STEM 教育，让各州根据国家课程大纲原则制定符合自身发展需求的 STEM 教育计划。2013 年，澳大利亚出台了《国家利益层面上的科学、技术、工程和数学：战略取向》报告，首次在国家层面提出发展 STEM 教育，为 STEM 教育制定了路线图。2015 年 12 月，澳大利亚发布《STEM 学校教育国家战略 2016—2026》，制定了一份全面的 STEM 基础教育发展计划，包括提供高质量的 STEM 课程、提高教师专业水平、支持校本化课程开发、促进高校与企业合作、建设综合数据库等。

日本、韩国、以色列和法国在 STEM 教育方面各有侧重。日本重视高中阶段的精英培养，韩国提出以数学和科学为中心的整合型人才教育概念，以色列成立专门机构确保中小学 STEM 教育质量，法国则通过政府、学校和企业的合作，推行跨学科的项目化学习。经过 30 多年的发展，STEM 教育已成为全球教育改革的热点之一。

（二）低年龄学习者成为 STEM 教育的重要组成部分

美国最初在推行 STEM 教育时，主要集中于高等教育的投入和大学课程的变革。然而，随后的评估表明，这种做法的效果并不理想。根据美国社会科学协会联盟（CSSA）的报告，从 1994 年到 2004 年，虽然 STEM 领域学位授予量有所增加，但在总学位授予量中的比例却有所下降。美国科学基金会（NSF）的调查也显示，从1986 年到2006 年，选择 STEM 专业的大学生比例下降，学习意愿和职业参与倾向呈下降趋势。

印第安纳大学的马尔泰斯（Adam Maltese）等发表了《通道的持续性：美国STEM 学位与其教育经验的关联性》一文，指出许多学生在中学阶段就已形成对未来 STEM 专业的选择倾向，个体对科学和数学的兴趣在这一过程中扮演了重要角色。因此，仅通过高等教育干预来增加 STEM 领域人才的政策可能是不够的。成功的STEM 教育需要建立一个从低龄到成年的完整 STEM 教育通道（STEM Pipeline）。高等教育阶段是 STEM 人才最终产出和决定性的阶段。基础教育（K12）阶段学生的STEM 知识、素养和准备情况在很大程度上将影响他们进入大学后选择 STEM 专业的意向和学习水平。

随着目标年龄的降低，学前儿童逐渐成为 STEM 教育的关注对象。马尔泰斯和泰（Robert Tai）的研究表明，相当一部分科学家在进入中学前就对科学产生了兴趣。因此，他们提出在可能的情况下，应为儿童尽早提供高质量的早期科学经验。《科学》杂志 2007 年的一项研究发现，59% 的科研工作者认为他们对 STEM 的兴趣始于童年。这表明，在早期教育阶段培养儿童对 STEM 的兴趣和价值认同，对个体未来的学业选择和职业生涯将产生重要影响。

（三）学前 STEM 教育的价值和重要性得到肯定

2010 年，在莫斯科举行的第一届世界幼儿保育和教育大会上，国际社会从"构筑国家财富"的高度对学前教育的价值作了界定。诺贝尔经济学奖得主赫克曼（James Heckman）提出的投资回报率（ROI）模型表明，相比其他阶段的教育和职业培训，学前教育的回报率要高得多。尤为重要的是，让学前教育的投入能够为低收入、单亲家庭等弱势群体背景的儿童带来显著的积极影响。

同时，神经科学和脑研究的成果表明，0 至 6 岁是大脑发展和神经生长最快的时期，这一时期的早期经验对大脑发展和个体成长具有决定性影响。高质量的 STEM学习经验可以提供丰富的交互机会，支持儿童认知和思维的发展。儿童的好奇心、探究爱好与 STEM 学习的本质天然契合。为儿童提供早期 STEM 经验，有助于他们

接触和理解数学、科学的核心概念，为更复杂的 STEM 学习打下基础。此外，STEM 学习还促进了儿童好奇心、创造力、合作精神和批判性思维的发展。这些品质将对儿童未来的学业产生长远影响。

学前 STEM 教育对儿童长期学业成就的促进效果也得到了研究支持。加州大学尔湾分校的邓肯（Greg Duncan）基于大规模数据样本的纵观研究发现，在语言能力、注意控制、社会情绪行为等众多因素中，幼儿的数学能力是对后期学业成就最有力的预测指标，甚至能够影响到他们高中阶段的学业表现。同时，匹兹堡大学的研究也表明，由于家庭社会经济地位的差异，个体在幼儿期间就显露出科学和数学能力方面的差异，这些差异会影响他们未来在 STEM 学科的学习表现。因此，优质的早期 STEM 教育经验对于缩小这些差异具有至关重要的作用。

在学前阶段充分利用幼儿先天的好奇心和探究精神，为他们提供高质量的早期 STEM 学习活动，对于促进幼儿的身心发展、激发他们对 STEM 学科的兴趣和积极态度、奠定 STEM 教育的基础具有重要意义。这对提升幼儿的综合素质、促进幼儿的全面发展至关重要。

（四）科技信息时代，孕育幼教课程的改革

在以科技为基础的信息化时代背景下，学习突破了传统的时空界限，带来了教与学的双重革命。愈发激烈的全球竞争对学习者的学习能力和创新能力提出了更高的要求。为应对这一全球性的挑战并保持在科技创新领域的优势地位，美国率先构建了面向高等教育领域的 STEM 课程，并推进 K12 教育阶段的 STEM 教育。自 20 世纪 90 年代以来，STEM 教育在美国、韩国、英国等国家与地区广泛推广。随着 20 世纪 90 年代中期 3D 打印技术的出现，新概念如"创客""创客空间""互联网+"等进入了教育研究者的视野。在这样的背景下，研究 STEM 教育与创客教育以推动学习者创新能力的提升显得尤为重要。

二、STEM+ 小创客教育核心概念界定

（一）STEM

STEM 教育由 20 世纪 80 年代的美国国家科学委员会提出，是科学（Science）、

技术（Technology）、工程（Engineering）和数学（Mathematics）四个英文首字母的缩写。STEM教育强调的是多学科知识的综合运用，旨在通过科学、技术、工程与数学四门学科的系统融合，解决现实问题。其教学方式基于真实情境和项目，以培养学生综合运用STEM知识解决问题的能力。

（二）小创客

"创客"（Maker）原指那些喜爱创新，并致力于将创意实现的人。而在本书中，"小创客"特指那些在多元整合、趣味情境中，愿意进行协作体验、探索创新、互动分享，具备创新思维和创造能力的幼儿。

（三）STEM+小创客教育

这是一种针对幼儿身心发展规律及未来社会发展需求而设计的教育模式。它统整了信息技术等资源，强调学科间的整合和联系，突出幼儿的主动性，注重幼儿思维习惯的养成。在多元整合、趣味情境中，通过协作体验、探索创新和互动分享的活动，引导幼儿养成初步的创新思维和创造能力。

三、STEM+小创客教育国内外研究综述

（一）关于STEM的现有研究

STEM教育最初主要针对高等教育。随着STEM教育的推广和深化，尽早为学习者提供高质量的STEM学习经验，促进从幼儿园至大学的STEM教育连续性逐渐成为广泛共识。"在学前阶段开展STEM教育是否尚早""幼儿的身心发展水平能否适应相对抽象和复杂的STEM课程"成为许多人关注的问题。现有研究对这些问题做出了回答。

首先，许多研究者认为，幼儿的天性与STEM活动的特点存在本质的契合。在众多文献中，幼儿被形容为天生的、熟练的科学家。擅长观察，对周围世界充满好奇，思维灵活是幼儿的显著特征。这种天然的对未知的探求驱使他们不断地观察、探索，试图发现周遭世界。乔治亚大学的潘德盖斯特（Evelaine Pendergast）等人认为，幼儿的这些特征是STEM学习者所需的品质。加拿大的提帕特（Christine Tippett）等人提出，经过精心设计且符合幼儿发展阶段的STEM活动能够充分利用

幼儿的天生好奇心和探究倾向，通过为幼儿提供丰富而有趣的刺激环境，赋予幼儿积极探索与发现的机会，促进其观察、比较、探索、分析等一系列科学和数学能力的发展。

其次，众多研究指出，在 3 至 6 岁的学前阶段，幼儿已具备一定的数学与科学能力。研究发现，幼儿在婴儿期结束后便开始逐步形成对物体数量变化、部分与整体间数量关系的认识，这为他们未来概率推理、科学探究等能力的发展奠定了基础。

美国的布莱曼（Kimberly Brenneman）等人分析了幼儿在科学与数学能力上的成长。幼儿自出生起，在科学、数学领域的能力持续发展，日常生活中就对数学与科学概念展现出自然而明显的兴趣。例如，边走楼梯边数台阶、使用不同颜色的积木拼成图案、用积木建造楼房并比较两座建筑的高度。此外，他们还会探究小鸡是如何诞生的，观察并解释人类头发色彩的差异。

麻省理工学院的舒尔茨（Laura Schulz）与博纳维茨（Elizabeth Bonawitz）列举了幼儿在科学概念和技能方面的其他进展，如通过关键特征区分生命体与非生命体，认识到动植物能生长而人造物品不能，理解动植物有其生命周期，甚至知道细菌会通过身体接触传播疾病。

除了概念性认知外，幼儿天生具有探索事物发生原因的倾向。例如，一个玩具装在盒子里，打开盒子时娃娃会弹出来。当幼儿理解了娃娃弹出的原理后，若接触到新的玩具，他们会对原来的弹跳娃娃失去兴趣；如果幼儿未弄清娃娃弹出的机制，即使给予新玩具，他们仍会继续探索弹跳娃娃，而对新玩具不予理睬。

因此，幼儿的生理及心理发展已为进一步的科学探究、数学推理和工程设计做好了准备。早期教育和科学教育的现有研究成果都表明，在幼儿阶段应尽早引入科学、数学和工程等相关教育内容。

（二）关于小创客活动的现有研究

1. 关于创客的现有研究

"创客"一词中，"创"代表创造，"客"指从事某种活动的人。创客的含义指向那些勇于创新，努力将创意变为现实的人，这个概念源自美国麻省理工学院微观装配实验室的实验课题。该课题以创新为理念，以客户为中心，强调个人设计和制造。

参与该实验课题的学生被称为"创客"。因此，创客又特指具有创新思维、自主创业的个体。

随着全球创客行动（Maker Movement）的迅速发展，越来越多的欧美国家开始在日常教育中融入创客教育，设置专门的创客课程，开设学生"创客空间"，为学生提供将想象变为现实的平台。

2011年前后，创客概念传入中国，最初应用于互联网金融、电子商务、物流快递等新业态中。这使得众多创客脱颖而出，文化创意产业迅速发展。

《2014年地平线报告（高等教育版）》指出："世界各地大学校园教学实践的焦点正在发生转移，各个学科的学生正在通过制作和创造的方式进行学习，而不再是课程内容的单纯消费者……之前一直没有实验室或者实践学习环节的某些大学院系，也开始将实践学习环节集成进来，作为课程的一个有机组成部分。"据不完全统计，中国已有数十所高校建立了创客空间。这些创客空间的设立有效地满足了具有创新想法且喜欢动手的学生的需求，有助于引导学生从消费者转变为创造者。

2. 关于小创客活动的现有研究

自2013年起，美国越来越多的中小学开始加入创客行动，学校实施创客教育，将基于创造的学习视为学生真正需要的学习方式。美国中小学的创客教育旨在为所有学生提供创造所需的环境、资源与机会，特别是通过技术工具与资源，让学生能将学习融入创造之中，实现基于创造的学习。这种教育方式能在创造过程中提升学科学习质量，增强学生在科学、技术、工程、数学、艺术等学科中的自信、创造力与兴趣，并培养学生的批判思维与问题解决能力，使学生有望成为真正的创造者，实现全面发展。美国中小学创客教育的特点包括教育目标、情境与资源的整合性，学习与教学过程的开放性，以及教育过程的专业化。其实施主要依托于精心设计的创客项目、教师对学生创造过程的专业指导，以及来自政策、资金、人力、物力等多维度的支持。

20世纪90年代中期，3D打印技术的出现使创客、创客空间、互联网＋等新概念进入教育研究者的视野。创客教育作为一种发展学生创造能力的途径，受到教育界的广泛关注。目前，众多地区正跟随国际新一代信息技术引领的教育变革发展趋势，有效探索包括云计算、移动学习、微课程、翻转课堂、STEM 学习、创新实验室、学习分析等多方面的内容。例如，浙江省温州中学的"互动媒体技术"和"Arduino 创意机器人"课程，北京景山学校的"创客空间"，山东的 20 校创客联盟。同时，广州、杭州、南京、成都、西安等地学校的创客组织如雨后春笋般涌现，致力于呵护并激发学生的创新热情，为学生提供将想象变为现实的平台。

杨现民、李冀红等人在研究中探讨了创客教育的价值潜能及其争议，强调全球创客运动的蓬勃发展为教育创新改革提供了新机遇。然而，由于创客教育过度强调制造产品的价值，忽略了对创客人群本身价值的尊重，这可能形成一种畸形的技术文化，以至于在实践过程中面临多重挑战。

杨现民在《建设创客课程——创课的内涵特征及设计框架》中提出，"创客课程是一种有别于传统学科课程的新型课程，有广义与狭义之分，广义指的是以培养学生创客素养为导向的各类课程，既包括信息类课程，也包括陶塑、绘画、手工等创意类课程，狭义指的是以智能化信息技术为显著特征的电子创意类课程，其科技含量较高"。当前我国教育体系尚未普遍纳入创客课程，多数学校通过校本课程来实施，这种方式具有较高的实施性与灵活性，是推进我国创客课程发展的理想路径。

王旭卿在《面向 STEM 教育的创客教育模式研究》中强调，基于物理计算平台的创客教育拥有深厚的理论基础，能适应数字信息化时代的需求，有助于培养学生的 STEM 素养和创新实践能力，是一种新的教育范式。杨晓哲在《数字化时代的 STEM 教育与创客教育》中提到，在数字化时代，跨学科的 STEM 教育和重视创造的创客教育正悄然改变教育的教与学模式。该研究对 STEM 教育与创客教育在概念起源、教育目标、内容、过程以及师生关系等方面进行了比较分析，旨在揭示两者在课程设置、评价体系、资源整合和师生能力方面面临的问题与挑战。

总体而言，创客活动以学生的主动探究和亲身体验为核心，满足了学生的好奇心和探索欲，极大地促进了学生的创新意识和团队合作能力。创客活动中的数字技术和文化环境丰富与优化了 STEM 教育的内容和方法，并赋予 STEM 教育新的活力。同时，STEM 教育的跨学科整合理念使得创客活动更加契合学校教育和人才培养的需求，明确了创客教育的目标、方向和实施过程。

四、STEM+ 小创客教育的研究意义

（一）培养幼儿的创新能力

《3—6 岁儿童学习与发展指南》强调："幼儿教育要充分尊重和保护幼儿的好奇心和学习兴趣，帮助幼儿逐渐养成积极主动、认真关注、敢于探究和尝试、乐于想象和创造等良好学习品质。"3 至 6 岁的幼儿正处于创新心理觉醒的关键时期，对所有事物都充满了渴望和憧憬，他们天性好奇，不受传统束缚，敢于创新和尝试。这一时期是创新精神养成、创新能力培养以及创新思维形成的关键。STEM 教育，作为一种注重实践的超学科教育，与传统的单一学科、重书本知识的教育方式不同，它通过整合式的教学方法培养幼儿的知识和技能，强调学习内容与现实世界的联系，注重幼儿的实践操作和团队协作，激发幼儿的创造力和想象力，提升学习品质。同时，它还强调艺术与人文的融合，促进幼儿的全面发展。创客教育进一步强化了动手操作、探究体验式学习的方式，使幼儿在"做中学"中成长。

（二）促进教师理念的转变，从儿童视角出发

STEM 教育的全新教育战略视野，倡导通过课程整合，将不同领域的知识融合起来。这对教师的课程整合能力、设计能力和资源整合能力提出了更高要求。在 STEM 理念指导下的幼儿"小创客"活动，主要通过 STEM 课堂、创客小镇、亲子主题节等形式实施，并要求教师将 STEM 理念融入幼儿"小创客"课堂中，不断更新自身的课程观、教育观和学习观，积累更多教学策略，形成实践智慧，从而在活动体验中与幼儿一同成长。因此，STEM 理念下的幼儿"小创客"活动成为提升园所教师综合能力的重要途径。

（三）构建创新的校园文化

基于 STEM 理念的幼儿"小创客"活动，有助于构建面向未来的高科技学校文化，建立和谐的家园关系。这种活动致力于培养幼儿的创新能力和综合素质，帮助孩子更好地适应未来的高科技创新社会。教师在创设教学环境、设计教学活动、整合教学资源的过程中，其综合素质也将得到提升。在这种师生共同成长的校园文化

氛围中，师生作为学校文化的承载者，将不断推动校园文化的建设。幼儿"小创客"活动以 STEM 课堂为主阵地，结合创客小镇的情境化教学，以及亲子主题节的家庭参与，有利于构建良好的家园互动关系。

（四）为 STEM+ 小创客教育提供更多鲜活案例

我园位于嘉定工业园区，有着得天独厚的创客资源优势。目前，辖区内的中小学已广泛采用 STEM 教育理念开展创客活动，并借助高校或社会机构的支持，引进海外教育资源，以创客、机器人、航模等为主要内容，专设课时和师资进行实施。然而，在幼儿园层面实施基于 STEM 理念的创客活动较为罕见，且缺乏可供参考的相关资源或经验。我们开展的基于 STEM 理念的幼儿"小创客"活动研究，积累了可实施和参考的实践案例，为 STEM 小创客活动提供了鲜活的案例。

综合来看，无论是从时代发展的趋势、幼儿的成长需求、教师队伍的建设，还是校园文化的构建角度，都为基于 STEM 理念的幼儿"小创客"活动提供了明确的研究方向。同时，幼儿园教育资源的多样性也为我们的研究提供了丰富的素材，使得研究具有更强的前瞻性和可操作性。

STEM+ 小创客教育的研究旨在通过实践探索，深入研究 STEM+ 小创客教育内容的编制、教学环境的创设、活动的组织实施、支持策略以及评价的内容与方法。基于这些研究，我园将进一步优化 STEM+ 玩创特色活动的实施方案，构建具有本园特色的园所文化，提高课程的质量和内涵。

一、探究 STEM+ 小创客教育，促进幼儿创新能力的发展

在 STEM 特色的教育生态下开展幼儿"小创客"活动过程中，我们欣喜地发现，孩子们的学习更倾向于高阶思维和深入探究；学习习惯更加注重合作与交流；个人发展更为多元和创新。STEM+ 小创客教育突出了儿童学习的自主性、形式的多样性和内容的多元性。过去两年中，工程五步法的实施，使我园的"小创客"们思维敏捷、创意灵动、手巧心灵。因此，STEM+ 小创客教育已成为未来小工程师和小科学家的摇篮。

（一）幼儿经历更深入的学习过程

STEM 将科学、技术、工程和数学融为一体，以解决幼儿生活中的实际问题为主旨，采用项目化探索作为主要学习方式。在"给小兔造家""搭建平衡桥""未来汽车馆"等活动中，孩子们通过聚焦问题、设计创造、思考调整的过程，关注生活中的问题，以问题引发主题、以好奇激发主题、以学习需求产生主题，形成了一系列班本化小项目活动。在"孵蛋日记""管道大揭秘""索道运输"等主题活动中，孩子们保持高度的学习热情、内驱力和积极态度，主动、专注地投入学习，而非被动接

受。他们能够主动构建和迁移知识经验，举一反三，利用所学解决实际问题，这有助于促进高阶认知能力的发展。

（二）幼儿展现更多的交互合作

在 STEM+ 小创客教育中延伸出来的 STEM+ 玩创活动的项目化探究，使内容选择更自主，包含个人经验和集体热点；实践过程也更自主，或是依据项目目标与伙伴合作完成任务，或是根据伙伴信息共同协商解决问题。孩子们在活动中也更关注伙伴信息和评价，通过个体、伙伴、集体经验的相互作用，体验成功的快乐，形成良性循环，更愿意合作与分享。这种良好的团队核心素养延伸到日常生活中，使得孩子们愿意主动帮助伙伴，并从伙伴视角出发考虑问题，发现伙伴的优点。这也为幼儿形成适应未来社会的良好社会人格打下了基础。

（三）幼儿表现出更多元的创新行为

作为一种重实践的跨学科教育，STEM+ 小创客教育具有跨学科、体验性、协作性、设计性、情境性、艺术性等特点，强调幼儿的实践与协作、探究与创造。其不仅关注科学的"有趣的光"，也重视艺术的"创想未来"，并突出工程的"索道运输"等，为幼儿提供了广阔的发展空间。在科学探究、艺术想象或经验重构中，孩子们能实现个人发展的价值。

二、聚焦发展，促进教师专业能力的提升

众所周知，要实现课堂的转变，关键在于将"以知识为中心"的教学转变为"以核心素养为本"的教学，把以讲授为中心的课堂转变为以学习为中心的课堂。课程改变的核心是推动学习方式和教学模式的变革。核心素养的落实不仅涉及教学内容的选择和调整，还必须推进以学习方式和教学模式变革为核心的系统改进。通过 STEM+ 小创客教育研究，我们引导幼儿开展项目活动，参与自主学习，学会在活动过程中发现问题、分析问题和解决问题。在自主体验中，幼儿通过积累科学操作经验，培养科学思维和创新能力、解决问题能力、分析反思能力等，使幼儿在项目探究中实现多元发展，真正成为 STEM "小创客"活动的主人。

同时，我们以全新的教育战略视野，有机整合各个领域，这对教师的课程整合

能力、课程设计能力、资源整合能力也提出了较高的要求。在 STEM+ 小创客教育的研究实践中，教师主动更新自己的课程观、教育观和对幼儿学习的看法，可以积累更多教学策略，形成更多实践智慧，在关注多元整合、创设趣味情境的同时，更激发了幼儿乐于合作、大胆探索创新、积极互动分享的热情。孩子们在其中获得的是解决问题的能力和科学素养的提升。

几年的 STEM+ 小创客教育实践让我们欣喜地看到，教师的行动、思维和动力都在发生变化，变得更乐于合作、更注重问题导向、更善于资源运用。

（一）增强了教师的合作能力

STEM+ 小创客教育主要以解决具有实践意义和实践价值的问题为导向。教师在小组合作、竞赛驱动思维、集体讨论等多样化的思维碰撞中，体验从聚焦真实问题、发现有效策略，到最终收获成果的喜悦。在这样的合作交互中，认同和激励激发了教师自主优化专业发展的动力。他们更积极地参与分享和研讨，挖掘自身的专业缺陷，自主吸取专业知识，形成从局部到整体、从线性到多维网状、从单元到系统的专业化结构，自主构建幼儿园研究型团队。

（二）聚焦教师面临的实际问题

STEM+ 小创客教育关注教师在活动中遇到的实际问题，通过整合具有高度实践性和广泛影响的议题或问题，推动教师专业思考。教师们在激励中不断反思实践中的真实问题，如围绕特定的项目或课题进行分析研究，探讨"STEM 特质如何体现""如何彰显幼儿'五版一墙'的话语权"等问题。同时，教师关注幼儿在实践和发展中的真实问题，在发现问题、解决问题、调整实践的过程中，不断反思基于幼儿发展的实践经验，逐渐促使教师形成有思考、有实践的课程内驱力，从课程实施者向课程领导者的角色转变。

（三）丰富了教师资源的创生力

STEM+ 小创客教育研究强调跨学科知识的综合运用。教师们根据幼儿的特点和需求，科学有效地开发本地优势和有利条件，筛选作为 STEM 教育内容的资源，以培养幼儿的探究能力和解决实际问题能力为目标，对有效资源进行科学筛选和匹配，确保教育活动适合每个年龄段的幼儿。在幼儿的学习和活动环境中，营造富有地域特色的教育活动环境，带领幼儿到自然界中收集丰富的本土材料作为 STEM+ 教育资源，全面、深入地开展 STEM+ 教育。大自然和社会成为教学的活教材。教师带领孩子们走进现代化农场、工厂和标准化菜场等，让孩子们在多彩的经历中展开梦想之翼。

三、落实理念，促进课程领导的创新

苏霍姆林斯基曾说："学校领导首先是教育思想的领导。"我园在开展 STEM+ 小创客教育时，以办园理念为指导，以课程实践为依托，引领课程实践活动——STEM+ 玩创活动，并对课程进行拓展与创新。同时，我们组织了"小创客活动"教学设计模式的讨论，总结出"小创客活动"实践的四大阶段：准备阶段（师生共同确定内容，收集信息资源）、实施阶段（自主探索，寻找完成任务的方法）、改进阶段（发现问题，创造方法）、积累阶段（完善巩固，积累提升经验），为课程实践提供了明确的指导，激发教师在课程实践中不断创新和拓展，使课程实践产生新的增长点。STEM+ 小创客教育的课程构建更加贴近儿童视角，园所发展更加突出时代特征，培养目标更加趋向于生态化。

（一）课程突显时代性

我们聚焦"大众创业、万众创新"的时代特征，采取更加融合、开放、实践和分享的姿态，整合幼儿园现有资源、周边资源及发展资源。同时，关注幼儿的多元游戏、艺术以及 STEM 技术课堂的有效融合，推动幼儿园课程向生活化、游戏化发展，形成了独特的园所发展文化。这不仅突显了整合、多元、创新的可持续发展理念，也丰富了幼儿园建设的内涵，为打造园所教育特色和积累校园文化提供了实践基础与展示平台。

（二）课程基于儿童视角

我们聚焦于幼儿的核心素养发展和主动学习特性，着眼于幼儿的发展需求和班级生态，以幼儿的发展敏感期为切入点，以幼儿的当前兴趣为选择依据，以社会、科学、艺术创造为融合点，探索真实问题和热点问题。课程构建逐步从园本化向班本化转变，实现了课程的班本化和生本化发展，使得课程不再只是各方面知识的集合，而成为一种基于幼儿兴趣和需求的创设性架构。

（三）课程注重整合性

我园采用"课题问题化，问题课题化"的策略，将科研和教研有机融合。无论是在教研还是科研中，我们都注重突出"问题"和"过程"等要素，即以问题为核心，关注研究过程。在教研活动中嵌入研究，以课程实践活动为中心，使得活动向前延伸并向后拓展，以确保每位参与者"有备而来""全心投入""反复思考"。将困惑凝聚成问题，将问题提升为研究，不断探讨诊断，思考课题研究的方向和方法，提炼研究成果，促进教学和科研的融合，提升教师的教研水平，催化教学和科研的一体化成果，推动课题研究的深入发展。

第二章

班本化项目活动

　　教育永远沿着不断探索的道路前进。从"STEM+ 小创客教育"到"STEM+ 玩创活动",我们经历了一次更深入的迭代与实践。这一转变反映出我们对教育理念的深刻反思和持续的创新努力。作为"STEM+ 玩创活动"中的首个项目,"班本化项目活动"旨在激发幼儿对自然和社会的兴趣,帮助他们主动构建和迁移知识及经验,解决现实生活中的具体问题,从而培养其高阶思维能力。

我园的 STEM+ 玩创活动展现了四种不同的形态：班本化项目活动、创客小镇、STEM+ 课堂以及小梦童科技节。这些活动相互补充，彼此融合。其中，班本化项目活动以项目化学习为导向，采用班级为单位，开展一种创新的教学模式。它旨在通过师生共同围绕一个中心主题进行深入探究，激发幼儿的学习兴趣和主动探索精神。在这一模式下，一个较大的学习项目被细分为多个子项目，每个子项目都围绕中心主题的不同方面进行探索，既保证了学习的系统性，也增加了学习的深度。这种方法使幼儿在探索过程中能够获得丰富的知识和实践经验，以培养问题解决能力和团队协作精神。班本化活动形式进一步细化了项目化学习的概念，将班级作为学习的基本单位。教师和幼儿共同参与课程设计与实施，以确保课程活动贴近幼儿的生活经验并反映班级的独特特色。这种模式强调教师与幼儿之间的合作，鼓励幼儿主动参与项目主题的确定和项目内容的开发，使学习过程更加个性化和富有创造性。

一、激发幼儿兴趣，确定项目活动主题

在幼儿园中，班本化项目活动作为一种创新的教育方法，其成功的关键在于充分调动全班幼儿的积极性和主动性，使教学活动紧密围绕幼儿的兴趣和需求进行。为了实现这一目标，教师的角色显得尤为重要。他们不仅是知识的传递者，更充当了引导者和协调者的角色，即负责激发和引导幼儿的兴趣，共同探讨和确定项目活动的主题。通过这种方式，幼儿在参与和探究的过程中能够获得丰富而深刻的学习经验。

（一）深入了解幼儿兴趣，共同确定项目主题

采用多元化方法深入探索幼儿兴趣时，教师应利用观察日记、兴趣调查表、家长访谈等多种手段，全面了解幼儿的兴趣和需求。在确定项目主题时，引导幼儿积极表达自己的兴趣和观点，并参与决策过程，以确保选定的项目主题能引起全班幼儿的共鸣。同时，考虑到学前儿童身心发展的不成熟性和语言表达能力的限制，他们难以充分、准确地表达自己的想法与体验，这常常导致他们的意见未能得到真正的倾听。因此，采用多种方式推动幼儿多样化地表达自己对班本化课程建设的想法与建议，并根据幼儿的兴趣与关注点，与幼儿共同策划内容与活动，突出幼儿的主体性，成为班本化课程实施过程中的一项重要内容。我园综合运用了观察与谈话、角色扮演、作品分析等手段，丰富了幼儿的表达方式，帮助幼儿获得"发声"的能力，并支持他们表达对班本化课程的想法与体验。

例如，在我们班的户外建构活动中，幼儿产生了一个兴趣点——"我们想造一辆未来汽车"。为了实现这一想法，我们召集儿童开会并积极讨论。大家都表达了强烈的愿望，想要尝试建造一辆属于我们的未来汽车。因此，我们启动了"未来汽车"这个班本化项目探究活动。在"我是中国人"这一主题背景下，幼儿最感兴趣的话题是火箭上天。当他们通过电视新闻得知神舟号飞船相继发射上天的消息时，对"火箭上天"充满了想象，并迫切地想要了解如何才能使火箭真的飞上天。因此，班本化项目"火箭发射台"应运而生，教师和幼儿一同经历了一个有趣的探究过程。

（二）设计互动性强的活动，强化幼儿的自主性

根据确定的项目主题，设计创意丰富且能促进幼儿主动参与的学习活动至关重要。活动设计应充分考虑幼儿的年龄特征和认知水平，确保每个幼儿都能在活动中找到乐趣和挑战。在项目活动中，应鼓励幼儿自主探索和创造，让他们在试错中学习。教师的角色是提供指导和鼓励，而非严格控制活动的方向和结果。

（三）提供充足的资源和支持，建立资源共享平台

为了保证项目活动的顺利进行，我园设置了 STEM+ 教育的四大实践场景：一室（小叶探究室）、一廊（STEM+ 小项目互动廊）、一墙（班本化 STEM+ 项目导图墙）、一隅（低结构区域项目探索角）。这些设置为开展班本化项目活动提供了有力的支

持。除了物质资源的支持外，我园还建立了信息资源共享平台——班本化研究月。在每个学期，我们会安排一个月的时间，充分放手，由幼儿主导，鼓励他们与伙伴围绕核心问题进行合作探索。他们通过协商共同制订可视化计划，集体创新并完善方案。项目最终通过小项目发布会的形式呈现，使幼儿能够展示自己的成果，真正成为STEM+玩创活动的小主人，展现他们的创造力和合作成果。

二、结合学习经验，动态设计项目活动

活动虽然可以事先规划，但幼儿的反应却往往是不可预测的。班本化项目活动的灵活性正是其最大的优势之一。这种灵活性允许教育工作者根据幼儿的成长经验和环境变化作出相应的调整。这种方法不仅能满足幼儿不断变化的学习需求，还使得学习过程能与现实世界更紧密地联系。

（一）具体分析，进行预设

为确保班本化项目活动在幼儿园中的有效设计与实施，需要精心设计过程，以保证课程内容既反映幼儿的实际情况，又满足他们的发展需求。在设计班本化项目活动时，教师们通过观察、交流和互动等方式，深入了解每个幼儿的年龄特征、个人经历、兴趣偏好及发展需求。这一步骤是课程设计的基础，因为只有深入理解每个幼儿，才能确保教学内容的相关性和吸引力。在此基础之上，教师还需要进行资源整合与评估。这意味着教师需要评估并整合班级内外的各种可用资源，包括教师自身的专业知识与技能、校园的环境资源、家长的参与度以及社区资源等。通过整合这些资源，教师能够扩展教学手段和内容，从而丰富幼儿的学习体验。

（二）有效调整，追随儿童

班本化课程的设计与实施本质上是一个动态且灵活的教育实践过程，核心在于以幼儿的兴趣和问题为导向，通过结合预设和生成的方法，灵活调整以适应幼儿不断变化的需求和经验。因此，及时收集幼儿、家长和教师的反馈在课程实施过程中至关重要。这有助于评估活动的效果，并确保教学内容与幼儿的实际需求和情况相匹配。接着，根据收集到的反馈，教师对课程方案进行必要的调整，即根据幼儿、家长和教师的反馈意见，对课程内容、教学方法或活动安排进行调整，以更好地适

应幼儿的实际情况和需求，确保教学活动的有效性，并促进其持续改进。

（三）及时反思，把控方向

在班本化课程的实施过程中，教师的角色极为关键。教师不仅是课程的设计者和实施者，而且是推动课程不断进化与创新的重要力量。为了确保课程能够持续发展，适应幼儿不断变化的学习需求，教师需要采取一系列策略，进行教学反思和课程评价。

教师需要系统地提炼经验，从日常教学活动中总结出有效的教学策略和方法。这就要求教师具备深刻的自我反思能力，能从教学实践中辨识出哪些活动能最大程度激发幼儿的学习兴趣，哪些方法能最有效促进幼儿的认知发展。面对教学过程中的挑战和问题，教师需要细致诊断问题本质，分析是课程内容设置、教学方法应用还是学习材料选择的不当，从而精准地采取有效的调整措施。

基于问题诊断的结果，教师需要灵活调整和修改课程计划，包括优化活动内容、创新教学方法或改善学习环境，以确保课程设计紧密贴合幼儿的实际学习需求。

教师通过文字记录、实物展示、视频记录等多种形式的教学反思和课程评价，全面审视班本化课程的实施效果，以更好地理解幼儿的学习进展，为课程的进一步调整提供宝贵信息。鼓励幼儿、家长乃至其他教育工作者参与课程评价，从多角度获取反馈，促进课程持续优化发展。

通过这套系统而周密的策略，我们的班本化课程才能不断在实践中完善优化，以适应幼儿当前的学习需求，预见并响应未来教育趋势，持续推动幼儿园教育创新与发展。

我园精心挑选了一系列班本化项目活动实践案例。这些案例不仅展示了班本化项目活动设计和实施的多样性与创新性，也反映了幼儿在项目活动中的学习过程和成果。通过这些实践案例的分享，我们旨在为教师提供可借鉴、激发灵感的范例，同时为幼儿创造更加丰富多彩和具有挑战性的学习环境。这些案例涉及了从自然探索到艺术创作领域的内容。每一个案例都是教师与幼儿共同努力、探索和创新的成果，体现了班本化项目活动在促进幼儿全面发展方面的巨大潜力。

一、3—4 岁幼儿 STEM+ 班本化项目活动实践案例

案例一： 酸酸甜甜的水果

1. 项目由来

秋季是丰收的季节，各式果实纷呈。幼儿无论在家中还是街头巷尾，均可欣赏到它们的风采。各种水果各具特色，形态多样，口感各异。通过观察、触摸、比较、嗅闻和品尝，幼儿能够深入了解水果，共同探索水果的奥秘，踏入一个丰富多彩的果香世界。

水果不仅味道美好，还含有丰富的营养，每种都有其独特的营养价值。项目旨在激发幼儿园小班幼儿对各种水果的好奇心，帮助他们积累相关的知识，培养探索水果世界的兴趣。

2. 价值取向

首先，在情感态度方面，强调幼儿与朋友共享水果的乐趣及认识水果的快乐。

在硕果累累的秋季，通过参与美术、音乐故事等多样活动，幼儿能认识到水果的特征，并体验与朋友分享水果的欢乐。其次，在方法习得方面，注重幼儿各项技能的培养。在教师的辅导下，通过绘画、唱歌、水果装篮子等多种学习方式，幼儿在逐步提升各项技能的同时，了解水果的特征，丰富其生活体验。最后，在能力发展方面，重视幼儿对水果特征的认知。在项目实施过程中，幼儿通过讲述、绘画、歌唱等形式，逐渐了解到水果的酸甜味道，认识到不同水果的外观及特征。

3. 设计思路

基于"酸酸甜甜的水果"这一主题，我们的班本化项目活动旨在通过一系列互动和有趣的学习体验，让幼儿探索水果的多样性，了解它们的特性，并通过游戏化的学习方式增强认知和感官体验（具体见图2-1）。

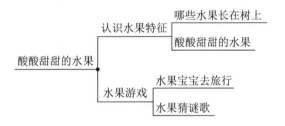

图 2-1 "酸酸甜甜的水果"设计思路图

4. 调整与支持

在活动实施的过程中，即时发现一些问题并进行调整，以便活动更好地实施。遇到的问题包括在展示水果照片时幼儿可能不认识部分水果，缺乏相关生活经验，以及在撕纸粘贴的过程中可能出现纸片撕得过大或过小的情况。为解决这些问题，教师可以提供相关知识，如介绍水果的名称、外观和口感特点，以及水果的生长地点等相关信息，帮助幼儿更好地认识水果。同时，教师可以提醒幼儿在进行撕纸粘贴活动时注意控制纸片大小。对于过小的纸片，建议先使用胶水涂抹在水果上再粘贴，以确保黏合效果。这样的支持措施可以帮助幼儿更好地认识水果，同时提升他们的手工技能和注意力、控制力（见表2-1）。

表 2-1 "酸酸甜甜的水果"调整表

发现的问题	过程中的支持
展示水果照片时，不认识部分水果，缺乏关于该种水果的生活经验	讲述水果的名称以及水果切开来的样子、吃起来是酸酸的还是甜甜的、生长在哪里
在撕纸粘贴为水果填色的过程中，纸片撕得过大超出水果，或是纸片撕得过小很难用胶水粘贴	提醒孩子纸片不要撕得过大，要撕得小一点，过小的纸片先用胶水涂在水果上再粘贴比较容易粘住

5. 发展与评价

活动评价的开展对于班本化项目活动的更好发展具有重要意义。班本化项目活动"酸酸甜甜的水果"评价表（见表 2-2）显示："了解大部分水果的特征，知道水果酸酸甜甜的口味"达到良好程度，"了解大部分水果切开后长得什么样子"和"能够用较长的句子来表述水果的特征以及酸甜口味，并且根据具体特征给水果分类"基本达成。

表 2-2 "酸酸甜甜的水果"评价表

评价内容	星级表现
了解大部分水果的特征，知道水果酸酸甜甜的口味	★★★
了解大部分水果切开后长得什么样子	★★
能够用较长的句子来表述水果的特征以及酸甜口味，并且根据具体特征给水果分类	★★

6. 实录

最近，班级的幼儿对秋季的水果表现出了浓厚的兴趣。瀚宇走到我身边，对我说："姜老师，来我'家'做客，我给您准备了甜甜的苹果汁！"于是，我跟随他来到了他的"家"。瀚宇端上了一杯苹果汁放在我面前，我一看，原来他是将一个完整的苹果放了杯中。"谢谢瀚宇，苹果汁真甜，你真是太能干了！"不久，果果也端上了她制作的橘子汁，对我说："姜老师，我也请您品尝！"我假装喝了几口，满意地点了点头："嗯，酸酸的，非常美味！"瀚宇见状，又问："姜老师，您还想喝些什么？"我想了想说："我想尝尝石榴汁。"瀚宇听后，立即跑去"买"回了"石榴"。当我好奇他会如何制作石榴汁时，只见他把"石榴"放在菜板上，一手扶着"石榴"，另一手握成拳头，用力敲打。不久，他自言自语道："石榴汁准备好了，一定很好喝！"说完，他将整个石榴放入杯中，递给我说："石榴汁好了，姜老师，请喝！"我喝了一口，连忙称赞："味道绝佳！"瀚宇露出了开心的笑容。

分析反思：

《3—6岁儿童学习与发展指南》强调，"教育内容应从幼儿的生活经验出发，关注幼儿的兴趣，引导他们积极主动地参与活动"。鉴于幼儿平时接触了许多水果并对它们情有独钟，我们决定跟随幼儿的兴趣，开展"秋天的水果"主题活动。《3—6岁儿童学习与发展指南》还提到，对于3至4岁的幼儿，应当鼓励他们为自己的良好行为或活动成果感到高兴。从瀚宇在活动中的表现看，他展现出了丰富的生活经验和前所未有的主动性。他不仅想到了自制苹果汁，并主动邀请我品尝，当我提出想喝石榴汁时，他也迅速想出了解决方案。他在得到表扬后，脸上立即绽放出快乐的笑容。此外，当其他幼儿模仿他制作果汁时，瀚宇的喜悦之情溢于言表，他充分体验到了游戏带来的乐趣。

跟进策略：

在游戏中，教师要善于观察幼儿的游戏行为。当幼儿发起邀请时，即说明他们有被关注的需求，教师就应积极参与幼儿的游戏，并给予适当的引导与鼓励；应及时赞扬孩子的创意和想法。积极的认可能增强幼儿的自信，激发他们游戏的热情，鼓励他们做得更好。

在分享和交流环节，可以鼓励幼儿与同伴分享制作果汁的经验，也可以向其他幼儿提出"想喝什么果汁""你会怎样制作果汁"等问题，以此了解幼儿最喜欢的水果，并扩展他们制作果汁的知识，进而促进幼儿游戏情节的进一步发展。

（执教与设计：姜莹洁）

案例二： 秋天的水果

1. 项目由来

本次班本化活动是基于"苹果和橘子"这一主题开展的。活动紧密结合了主题背景与幼儿的兴趣点。幼儿乐于分享自己喜爱的水果，并且喜欢与同伴共同分享这些水果。

2. 价值取向

在情感态度方面，我们注重培养幼儿对水果的喜爱。在硕果累累的秋季，我们通过介绍各种时令水果，激发幼儿去观察和描述水果的形状、颜色和口感，进而培养他们表达自己喜爱的水果的能力。

在方法习得方面，我们采用工程五步法的推进策略。在教师的指导下，幼儿将水果分类。教师提出问题："你能用什么方法对这些水果宝宝进行分类呢？"幼儿便开始积极思考，比如可以根据颜色、大小或品种来分类。

在能力发展方面，我们强调幼儿的表现和表达能力。在项目实施过程中，幼儿通过讨论不同水果的特点以及分享自己最喜爱的水果，逐步培养他们敢于表达自己观点的勇气。

3. 设计思路

在"秋天的水果"主题下，设计班本化项目活动，通过互动和有趣的学习体验，引导幼儿认识各种水果及其分类，分享喜爱的水果，并探索果树的神秘世界，以培养他们的好奇心和科学意识（见图 2-2）。

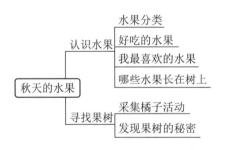

图 2-2 "秋天的水果"设计思路图

4. 调整与支持

在对水果分类时，幼儿遇到了一些问题（见表 2-3），如不知道苹果的归属。这时，教师可以让他们观察苹果宝宝的颜色和形状，然后与其他水果比较，或者给予提示（提醒他们苹果是红色或绿色的，并与其他颜色的水果分类比较）。这样的支持可以帮助幼儿更好地理解分类的概念和方法。在寻找幼儿园里的果树时，幼儿发现无花果树上有很多蛀虫。这是一个意外的发现，也是一个培养幼儿植物保护意识的重要机会。教师可以向幼儿解释蛀虫如何影响植物的健康，引导他们探讨如何预防和应对蛀虫侵害的方法，如采取有机栽培方法或使用生物防治方法。同时可以鼓励幼儿观察其他植物，了解它们的生长环境和生态特征，从而培养他们的环保意识和责任感。在纸片撕的过程中，要提醒幼儿注意纸片的大小，并指导他们如何正确使用胶水来粘贴纸片，以确保作品的完成度和美观度。这种支持不仅能帮助幼儿掌握手工技巧，还能培养他们细致观察和解决问题的能力，同时增强他们的自信心和创造力。

表 2-3 "秋天的水果"调整表

发现的问题	过程中的支持
在给水果宝宝分类的时候，幼儿被要求根据水果宝宝的颜色分类，但幼儿不知道苹果宝宝的家	出示苹果图片，让幼儿知道原来除了红苹果还有黄苹果、青苹果
在寻找幼儿园里的果树时发现无花果的果树上有许多蛀虫	提醒孩子纸片不要撕得过大，要撕得小一点，过小的纸片先用胶水涂在水果上再粘贴比较容易粘住

5. 发展与评价

活动评价的开展对于班本化项目活动的更好发展具有重要意义。班本化项目活动"秋天的水果"评价表（见表 2-4）显示，"幼儿认识水果，喜欢吃各种各样的水果"达到良好程度，"知道生活中有各种各样的果树，感兴趣地去寻找、发现果树的特征"和"能用看看、说说、唱唱、画画等形式表现各种各样秋天的水果"基本达成。

表 2-4 "秋天的水果"评价表

评价内容	星级表现
幼儿认识水果，喜欢吃各种各样的水果	★★★
知道生活中有各种各样的果树，感兴趣地去寻找、发现果树的特征	★★
能用看看、说说、唱唱、画画等形式表现各种各样秋天的水果	★★

5. 发展与评价

活动评价的开展对于班本化项目活动的更好发展具有重要意义。班本化项目活动"有趣的虫宝宝"评价表（见表 2-8）显示，"了解常见昆虫的名称及外形，并知道昆虫的基本特征"达到良好程度，"通过小实验，了解蚂蚁喜欢吃的食物"和"通过观察对蚂蚁的巢穴有一定的了解"基本达成。

表 2-8　"有趣的虫宝宝"评价表

评价内容	星级表现
了解常见昆虫的名称及外形，并知道昆虫的基本特征	★★★
通过小实验，了解蚂蚁喜欢吃的食物	★★
通过观察对蚂蚁的巢穴有一定的了解	★★

6. 实录

在一次户外活动结束时，幼儿表达了想要捕捉蚂蚁的愿望。看到幼儿对捉蚂蚁兴趣浓厚，我便结合班本化项目活动，组织了一次集体活动。我与幼儿一起从教室找来许多瓶瓶罐罐。在操场上，幼儿自由组成小组开始捉蚂蚁。他们全情投入，不时兴奋地分享发现："老师，这里有很多黄色的蚂蚁。""老师，我捉到了一只大蚂蚁。"捉到的蚂蚁被装进瓶罐中，回到教室后，幼儿热烈讨论捉蚂蚁时的所见所闻，有的孩子还找来放大镜仔细观察。在集中交流时，幼儿分享捉蚂蚁时的发现。雯雯说："我看到蚂蚁在一起搬小虫，很有团队精神。"天天发现了许多蚂蚁洞，妞妞则找到了蚂蚁的巢穴，阳阳提到了蚂蚁头上的"长头发"。经过讨论，韵韵纠正说那是"触角"。婷婷好奇"触角是什么"，我也加入了讨论，提出了"触角的用途"问题，引发了幼儿的思考。真真带来的书揭示了触角的信息传递功能，让幼儿了解到了触角的重要性。

分析反思：

教师组织的集体教学活动对班本化项目活动的开展至关重要，不仅进一步激发了幼儿的探究兴趣，而且通过互动交流丰富了幼儿对蚂蚁的认知，有助于实现项目目标。

教师需要关注孩子的新发现和问题，并参与他们的讨论，鼓励幼儿提问，并通过多种方式帮助他们解决问题。

跟进策略：

提供昆虫观察盒、放大镜等工具，帮助幼儿更细致地观察蚂蚁的身体结构，激发他们提出更多关于蚂蚁的问题。

在自然角设置蚂蚁工坊，引导幼儿观察蚂蚁的日常行为，进一步了解蚂蚁的生活习性。

鼓励幼儿在观察和发现蚂蚁的秘密后，使用各种美术材料来创作蚂蚁及其生活场景的作品，以加深对蚂蚁的认识。

（执教与设计：陈影）

案例二： 香香的蔬菜

1. 项目由来

蔬菜是幼儿日常饮食中不可或缺的部分，然而他们与蔬菜的接触往往只停留在表面，缺乏深度和系统性。因此，有必要引导幼儿进行有目的、有意义的学习，帮助他们将直觉转化为有结构的知识体系。

蔬菜家族以其丰富多彩的色彩、多样的形态、可口的味道和丰富的营养成分而受到大家喜爱，对于幼儿而言，蔬菜不仅仅是美味的食物，更是他们健康成长的重要物质基础。

2. 价值取向

在情感态度方面，重视满足幼儿的兴趣并关注他们的情感体验。通过小组合作制作蔬菜作品，让幼儿了解各种蔬菜的营养价值，培养他们不挑食的良好习惯。

在方法习得方面，结合家园合作，依托工程五步法，幼儿在制定购买计划后与家长一同前往市场选购蔬菜，之后回家参与蔬菜的烹饪并品尝美食，最终与同伴分享这一过程中的快乐。幼儿不仅体验了亲手劳作换来的蔬菜美味，还了解到蔬菜的多样营养价值，从而增强他们对蔬菜的喜爱。

在能力发展方面，幼儿的人际交往能力得到了加强，表现在他们在市场购买蔬菜时能够与他人交流，并清晰表达自己的需求。同时，幼儿的劳动技能也有所提升，特别是在与家人共同准备蔬菜的过程中，他们学会了一些基本的家务劳动技能。

3. 设计思路

基于"香香的蔬菜"这一主题，我们的班本化项目活动旨在通过一系列互动和有趣的学习体验，让幼儿在有趣的活动中深入了解蔬菜的来源和意义。首先，我们将带领幼儿前往当地的农贸市场或农场，让他们参与购买蔬菜，学习如何辨别蔬菜的新鲜程度和选择适合的品种。接着，引导幼儿将整理好的蔬菜通过创意的方式展示，可以是美味可口的色彩拼盘、清新健康的沙拉或其他有趣的蔬菜料理（见图2-5）。

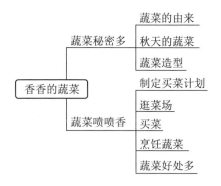

图 2-5 "香香的蔬菜"设计思路图

4. 调整与支持

在"香香的蔬菜"活动中，我们发现了一些问题（见表2-9）。首先，幼儿对菜场里的蔬菜种类可能不够了解，不清楚有哪些蔬菜。其次，他们可能不了解蔬菜是如何变成一盘盘美味的菜肴的，缺乏对烹饪过程的认识和了解。

为了解决这些问题，我们可以提供多种支持措施（见表2-9）。我们准备各种蔬菜的图片和菜场的视频，让幼儿通过观察和了解，更加直观地认识不同种类的蔬菜和菜场的场景。还可以组织实地参观活动，带领幼儿去农贸市场亲身体验购买蔬菜的过程，从而加深他们对蔬菜的了解。

表 2-9 "香香的蔬菜"调整表

发现的问题	过程中的支持
菜场里都有什么蔬菜	提供各种蔬菜的图片、菜场的视频，以及带领幼儿去农贸市场参观等支持
蔬菜是怎么变成一盘盘好吃的菜肴的	邀请家长的参与，和孩子一起买菜，制作、品尝菜肴，最后与同伴交流

5. 发展与评价

活动评价的开展对于班本化项目活动具有重要意义。班本化项目活动"香香的蔬菜"评价表（见表 2-10）显示，"了解常见蔬菜的名称及外形特征"达到良好程度，"积极尝试制定简单的买菜计划并亲身实践买菜"和"能够基于项目实施过程中的问题，不断调整实施方法从而优化成品"基本达成。

表 2-10 "香香的蔬菜"评价表

评价内容	星级表现
了解常见蔬菜的名称及外形特征	★★★
积极尝试制定简单的买菜计划并亲身实践买菜	★★
能够基于项目实施过程中的问题，不断调整实施方法从而优化成品	★★

6. 实录

在"香香的蔬菜"项目活动中，幼儿积极地分享了自己喜欢的蔬菜，并大胆地表达了对这些蔬菜营养知识的了解。他们按照自己的偏好进行分组，并以小组为单位共同制定了详细的活动计划。活动的流程包括：制定购买计划、前往菜场选购蔬菜、清洗蔬菜以及制作美味的菜肴。在这一系列的活动中，家长的参与尤为重要。他们与幼儿一起动手制作了幼儿喜爱的菜肴。

通过参与从购买到制作的整个过程，幼儿不仅体验了蔬菜的制作过程，也品尝了自己劳动的成果。同时，这一系列的活动使幼儿意识到蔬菜中蕴含丰富营养，从而增强了他们对蔬菜的喜爱，一定程度上促进他们养成健康的饮食习惯。

分析反思：

本项目活动主题源于幼儿在户外小农场活动时对新鲜蔬菜的浓厚兴趣。在整个项目活动的开展过程中，幼儿的社会性得到了显著提升，尤其是在人际交往方面，幼儿能够主动与他人交流；在自我服务能力方面，幼儿尝试了简单的家务劳动，如清洗蔬菜等。

幼儿在活动中养成了良好的生活习惯，还通过亲手劳作并品尝到蔬菜的美味，进一步了解了蔬菜的营养价值，从而养成不挑食、不偏食的饮食习惯，并增加对新鲜蔬菜的喜爱。

在人际交往方面，幼儿的能力也得到了进一步的发展，他们愿意与人交往。这一点在幼儿到菜场购买蔬菜的过程中表现得尤为明显。他们能够与卖菜人沟通，清晰地表达自己需要购买的蔬菜种类。

跟进策略：

家园合作方面，家长可以在日常生活中继续鼓励幼儿参与家务小劳动，如帮忙清洗蔬菜、摆放餐桌等，这样不仅能够推进项目活动的可持续化发展，还能增强幼儿的自理能力和责任感。

在幼儿园的项目化活动中，可以根据幼儿的兴趣，延续蔬菜拼盘的活动。为幼儿提供一些易于用蛋糕刀切割的蔬菜，如黄瓜、胡萝卜和西蓝花等，引导他们自己动手制作富有创意的蔬菜拼盘。这样的活动不仅能够锻炼幼儿的动手能力，还能增进他们对蔬菜的认识和兴趣。

对于那些不喜欢吃蔬菜的孩子，可以通过增加他们与家人在挑选蔬菜、制作菜肴过程中的互动，让幼儿在参与制作的过程中体验到菜肴的美味，从而逐渐培养他们对蔬菜的喜爱。家长和教师可以共同观察孩子的变化，根据孩子的反馈调整活动内容，以更好地激发孩子对蔬菜的兴趣。

（执教与设计：吴洁）

案例三： 红黄蓝绿

1. 项目由来

幼儿的世界五彩缤纷，主要由红、黄、蓝、绿等颜色组成。鲜艳美丽的色彩让幼儿喜爱，并为他们提供了广阔的想象空间——红彤彤的太阳、黄澄澄的梨子、蔚蓝色的天空……

在一次活动中，幼儿对苹果的颜色产生了异议。有的孩子说苹果是黄色的，有的孩子说苹果是绿色的，还有的孩子说苹果是红色的。因此，我们便有了"红黄蓝绿"这一主题，让幼儿一同去发现、一同去想象。

2. 价值取向

大千世界中的生灵万物，皆有其颜色。颜色不仅是物质的固有特征，也蕴含着丰富的情感意义。以色彩及其相关事物为媒介来激发幼儿与事物之间的互动，对幼儿在认知和情感构建方面均有积极影响。

我们结合秋季的特点，引入了五颜六色、形态各异的树叶和温暖的阳光等元素，让幼儿获得更深刻的亲身体验。在这个秋意盎然的季节里，幼儿借助自己的感官发现秋天的多姿多彩，他们探寻美丽、丰富的色彩隐藏之处，参与色彩游戏，制作彩色球、彩色花等。通过这些有趣的活动，幼儿在语言、空间认知、数理逻辑、社交等多个智能领域得以发展。

3. 设计思路

"红黄蓝绿"项目旨在通过寻找、制作和展示红、黄、蓝、绿等颜色的物品，促进幼儿对色彩的认知和创造性表达。首先，幼儿将提出问题，探讨"红黄蓝绿"在我们生活中的存在及其意义。接着，他们将积极参与寻找"红黄蓝绿"的活动，从周围环境中找到不同的物品或事物，了解它们的颜色。然后，幼儿将动手制作"红黄蓝绿"的手工作品或艺术品，展示他们的创造力和想象力。成果展示环节将给予幼儿展示作品的机会，让他们分享彼此的创意和心得。最后，评价交流环节将让幼儿对整个项目进行回顾和反思，分享他们的体验和感受，相互学习和交流，为未来的活动提供启发和建议（见图 2-6）。

4. 调整与支持

在进行"红黄蓝绿"项目过程中，我们发现了一些问题（见表 2-11）。首先，在使用颜色材料时，我们未关注到用量和浓度的问题，导致一开始变色效果不明显。特别是在大白菜颜色变化的实验中，我们发现颜色没有被充分吸收，导致白菜的颜色只有微小的变化。

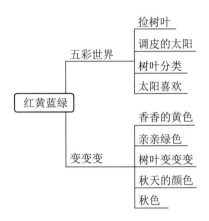

图 2-6 "红黄蓝绿"设计思路图

为了解决这些问题,我们采取了一些支持措施(见表 2-11)。我们选择了颜色相对稳定的染色剂作为颜料,这样可以更清晰地展现出变化后的颜色。我们也意识到提供的颜料太厚,导致水分不被充分吸收,因此重新调配了稀薄的颜料,确保实验顺利进行。

通过这些支持措施,我们确保了实验的顺利进行和结果的准确展示。这也提醒我们在未来进行类似项目时更加关注细节,以确保幼儿能够获得更好的学习体验和成果展示。

表 2-11 "红黄蓝绿"调整表

发现的问题	过程中的支持
在颜料的用量、浓度上未充分关注,实验活动开始的时候变色不明显	用相对颜色稳定的染色剂作为颜料,这样变出的新的颜色比较清晰
"大白菜颜色变变变"的实验中,发现颜色没有被吸收,白菜没有变色或者变了一点点	发现提供的颜料太厚了,从而导致水分不被吸收,后来重新调配了稀薄的颜料,实验就成功了

5. 发展与评价

活动评价的开展对于班本化项目活动具有重要意义。班本化项目活动"红黄蓝绿"评价表(见表 2-12)显示,"了解红黄蓝三原色以及两种不同颜色同样计量混合在一起后所变成的颜色"达到良好程度,"积极尝试不同颜色混合的实验并且进行记录"和"能够基于项目实施过程中的问题,不断调整实施方法从而优化实验结果"

基本达成。

表 2-12　"红黄蓝绿"评价表

评价内容	星级表现
了解红黄蓝三原色以及两种不同颜色同样计量混合在一起后所变成的颜色	★★★
积极尝试不同颜色混合的实验并且进行记录	★★
能够基于项目实施过程中的问题，不断调整实施方法从而优化实验结果	★★

6. 实录

大千世界，颜色万千！有一次我们散步的时候，有一个小朋友问："老师，为什么有的树叶是绿色的，有的是红色的，有的是黄色的呢？""是啊，它们是怎么变出来的？"幼儿七嘴八舌地问着。于是，我就想到了把颜色这个主题搬到教室里，让幼儿进一步探究颜色的奥秘。

我在科探区投放了新的材料：玻璃管、吸管、颜料杯，红、黄、蓝、紫四种颜料，以及一份观察记录本。

活动第一天，我首先拿了一根玻璃管，在里面同时滴上了红色和黄色颜料，然后摇晃。这时，芮芮非常兴奋地说："老师，我知道红色加黄色可以变成橙色，黄色加蓝色可以变成绿色。""哦，是吗？那你来试一试，看看是不是这样？"我说。"老师，我想和芮芮一起做这个实验。""可以啊，等结束后把实验记录写在记录纸上。""嗯嗯，好的。"只见芮芮拿起了一个罐子，把手里的红色颜料瓶倒进试管，然后拿了滴管吸了一点黄色滴进了试管……

"老师，怎么没有变色啊？"

"是吗？你是不是两种颜色的量不一样呢？试试看两种相同量的颜色在一起，会是什么结果呢？"我告诉他们。于是，芮芮和晨晨重新开始了这个实验。他们小心翼翼地在滴管里滴上了相同量的不同颜色颜料：红色加黄色变成了橙色！虽然结果令人满意，但幼儿的脸上还是流露出了疑惑的表情。

分析反思：

在材料投放时，我投放了四种主要的颜料，旨在引导并根据颜色调色出不同的颜色，从而发现两种颜色混合后会产生不同的变化。幼儿一下子就被颜色吸引住了，并请来了其他小朋友参与活动。这种形式符合幼儿的心理特点，能够激发幼儿对活动的兴趣。在颜色对碰示范过程中，我太急了。我以为幼儿要明白了科学原理后才可以动手做实验，又总是担心小朋友做不好，肯定会出差错，越这样想越达不到预设的效果。这个活动主要是让幼儿明白两种颜色混在一起可以变成另一种颜色。幼儿对鲜艳的颜色非常敏感，颜色的变化可以使幼儿兴奋、惊奇，从而产生浓厚的探索愿望。

跟进策略：

教师是孩子的引领者，要时刻把握好教育目标。根据孩子在活动中的表现，适时地给予支持，使孩子始终沿着目标要求进行探索、体验、操作。科学活动则更要给予孩子足够的空间和时间，让孩子大胆操作各种材料，通过师生讨论得出结果。

通过这个活动，幼儿认识了颜色之间的关系，初步了解到只要有了三原色，就可以调出许多种颜色。这充分调动了幼儿探索的积极性。在下次继续探索时，幼儿可以将实验的结果记录下来，比较之前的记录，看看有什么不同。

（执教与设计：施冬梅）

三、5—6 岁幼儿 STEM+ 班本化项目实践案例

案例一： 地铁站

1. 项目由来

在"我们的城市"主题活动的背景下，通过交流，我们发现幼儿对上海的了解主要集中在交通、建筑、美食和娱乐方面，且相对零散。因此，我们选择了幼儿较感兴趣的"地铁站"作为项目研究的主题。基于幼儿自身的经验和感受，我们认为地铁是城市交通中不可或缺的一部分。

在项目式个别化学习活动中，幼儿与合作伙伴一同探究地铁站内的各种设施，了解它们的特点和功能。通过使用不同的材料、工具和方法进行探索和构建地铁站

的各种设施，幼儿能够更加关注城市交通道路的变化，并体验畅通的道路带来的便捷。

2. 价值取向

情感态度方面：关注变化，体验美好，体会便利。通过设计和构建城市地铁站模型，幼儿进一步感受到地铁给人们生活带来的便利，并体验为城市交通作出贡献的快乐。

方法习得方面：强化工程五步法的应用。在教师和家长的支持下，幼儿运用工程五步法，制订地铁计划书、分工收集材料，并在制作过程中不断进行调整。这展现了幼儿在项目合作学习过程中发现问题、解决问题的能力，以及愿意分享经验的学习方式。

能力发展方面：重视幼儿间的合作与创新思维挑战。在项目实施过程中，幼儿通过合作协商制定地铁计划书，分工建造地铁站，从中发现并解决问题，利用多种资源寻找解决方案，从而在体验中不断探索和发现，获得成长。

3. 设计思路

"地铁站"项目是一个充满趣味和启发的探索性活动。首先，我们和幼儿一起探讨地铁站的概念和功能，引导他们想象和描述地铁站是怎样的地方，它有哪些设施和服务。接着，我们鼓励幼儿们积极参与，共同设计我们的地铁站，包括站点布局、通道设置和设施安排。在这个过程中，我们会提供各种素材和道具，如玩具模型、图片、绘画工具等，让幼儿动手实践和展示自己的想法。随后，我们组织幼儿们分工合作，一起模拟制作地铁站及其重要设施，比如售票处、候车区和洗手间等。最后，我们举办了一场小型的成果展示，让幼儿展示他们的作品，并与同伴分享彼此的创意和经验。通过这个项目，幼儿不仅能够在玩乐中学习，还能培养团队合作精神和创造力，促进他们的身心发展（见图 2-7）。

4. 调整与支持

在"地铁站"项目中，幼儿对地铁站设施的了解不够深入。他们在制作地铁移动门和安检台传送带时遇到了技术难题。为此，我们组织了一系列集体教学活动，包括实地参观地铁站和观察日常生活中的类似设施。幼儿记录观察结果并与同伴分

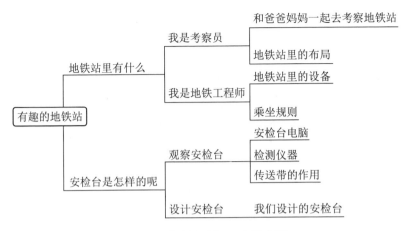

图 2-7 "地铁站"设计思路图

享。我们引导幼儿观察移动门以理解工作原理，并邀请家长参与模拟地铁移动门的制作。针对安检台传送带的难题，我们观察现实中的传送带，并与家长一起制作了一个模拟版本，这不仅让幼儿感受成功的喜悦，也加深了他们对科学原理的理解（见表 2-13）。

表 2-13 "地铁站"调整表

发现的问题	过程中的支持
幼儿对于地铁站里的一些具体设施认知较少，阻碍了项目的实施	通过集体教学活动、亲子实地收集信息并整理
地铁的移动门制作难度较大，扶手的牢固度还是不够	观察生活中移动门的特点，并通过向家长求助等方式共同探究
安检台的传送带制作出现了困难	观察生活中的各种传送带，了解传送带的基本原理，亲子共同制作一个小型传送带

5. 发展与评价

活动评价的开展对于班本化项目活动的更好发展具有重要意义。班本化项目活动"地铁站"评价表（见表 2-14）显示，"在积累主题相关经验的同时，发展幼儿收集信息、解决问题、探究反思等能力"达到良好程度，"积极尝试合作制定简单的计划并动手制作地铁以及地铁设施模型"和"亲子共同参与并不断调整实施方法从而优化模拟地铁站成品"基本达成。

表 2-14　"地铁站"评价表

评价内容	星级表现
在积累主题相关经验的同时，发展幼儿收集信息、解决问题、探究反思等能力	★★★
积极尝试合作制订简单的计划并动手制作地铁以及地铁设施模型	★★
亲子共同参与并不断调整实施方法从而优化模拟地铁站成品	★★

6. 实录

随着一系列"地铁站"活动的展开，幼儿对地铁站的构造有了初步的认识。他们了解到地铁站包含进站区、售票区、安检区、候车区、出站检票区等区域，并对地铁站内的标识有了一定的了解。这增强了他们对乘坐地铁的兴趣。因此"地铁站"成为班级建构区中的一个新内容。

我们为幼儿准备了各种材料，包括大小纸箱、木质积木、小纸盒以及一些废旧材料（如瓶子、纸杯、塑料管子）。玥玥提议："地铁站里有个安检台，我们来做这个吧！"培宇询问使用何种材料，淇淇则提到了自己所见的类似箱子的检测仪器。瀚宇迅速在材料堆中找到了合适的方形纸箱。培宇还模仿了他在安检时看到的可转动带子，尝试用长方形的大纸板来实现这个功能。但玥玥指出制作的带子无法移动，这成为一个待解决的问题。

分析反思：

幼儿对制作地铁站安检台表现出浓厚的兴趣，这可能与他们跟随家长实地考察地铁站并观察到的地铁站设施有关。他们在制作过程中主动思考、相互协作，并在遇到问题时尝试寻求解决方案。这表明幼儿具备一定的思考能力和问题解决能力。然而，尽管幼儿发现了制作中的问题，但未能找到解决方案，这提示我们教师在材料供给上还需要进一步丰富，以便幼儿通过多次尝试和不同材料的使用找到解决问题的方法。

跟进策略：

继续观察和支持幼儿的后续发展，提供多样化的材料，以方便幼儿进行操作和尝试。

利用家长资源，如鼓励家长帮助孩子查找资料以解决制作中遇到的问题，从而让幼儿积累地铁站主题的相关经验。

设立一个互动信息板，鼓励幼儿提出问题，同时让其他幼儿帮助解决，以此促进幼儿之间的合作和交流。

（执教与设计：金燕）

案例二：班旗

1. 项目由来

在生活中，幼儿经常能够见到各种旗帜，如操场上飘扬的国旗。基于这样的背景，幼儿提出了为我们的大（4）班设计一面独特的班旗的想法。这面班旗在出游写生、小主人实践活动和游学活动中都将发挥作用，成为我们班级的象征。

幼儿天生具有设计的热情，对班旗设计也有着丰富的想法。他们希望将不同的图形融入班旗之中。这个想法不仅增强了班级的凝聚力，也极大地激发了幼儿设计班旗的内在动力，增加了"班旗"项目的吸引力。

2. 价值取向

情感态度方面：我们重视幼儿对班级集体的爱。通过小组合作设计班旗的活动，激发了幼儿对班级集体的爱，从而培养了他们的集体意识。

方法习得方面：我们注重利用工程五步法来推进项目。在教师的引导和支持下，幼儿通过初步设计、讨论、再设计等步骤，不断优化班旗的设计稿，使得设计过程更加科学且高效。

能力发展方面：我们着重培养幼儿的创新思维。在实施项目的过程中，幼儿能够积极评价同伴的班旗设计，并能在倾听他人意见后进行相应的修改。通过采用"三明治点评法"（即先表扬、后提出建议、最后赞美），逐渐培养了幼儿会评价、善于思考的学习品质。

3. 设计思路

我们旨在让每个幼儿通过设计班旗来表达对班级的感情和理解。设计班旗不仅仅是创作，更是我们班级故事和记忆的缩影。

在第一轮设计后,我们组织了班级内的评价交流,共同讨论每个设计的特点并提出建议,这加强了我们的团队凝聚力,也培养了幼儿进行建设性评价的能力。

在第二轮设计时,我们注重展现班级的特色和共同价值,努力创作出能代表团结精神和集体荣誉的设计。最终选出了排名前三的作品。它们成为班级文化的重要组成部分(见图2-8)。

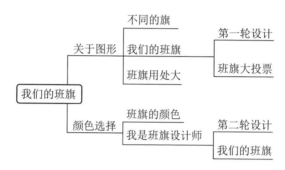

图 2-8 "班旗"设计思路图

4. 调整与支持

在班旗设计时,幼儿面临着选择图形和设计方面的挑战。每个幼儿都有独特的创意和建议,因此我们需要一种有效的整合方法。我们决定从众多提议中选出三个最能代表我们班级特色的主题图形作为设计的基础,以引导幼儿更专注地参与设计过程。我们采用投票方式决定最受欢迎的设计,并在第二轮设计中鼓励幼儿进行思考和改进。教师在整个过程中提供必要的引导和支持。最终,我们得到了一面能充分反映幼儿集体智慧的班旗。这面班旗展示了他们在设计、决策和团队合作方面的能力,将成为班级的骄傲(见表2-15)。

表 2-15 "班旗"调整表

发现的问题	过程中的支持
幼儿对于班旗图形的意见比较多,很难统一	设计并选出3个主要的图形进行再设计,这样幼儿更有目的性和针对性
第一轮设计稿觉得还需要有些修改,还有一些建议提出	通过投票环节选出了第一轮设计稿中最好的一张,进行第二轮设计,做针对性改进

5. 发展与评价

活动评价的开展对于班本化项目活动的更好发展具有重要意义。班本化项目活动"班旗"评价表（见表 2-16）显示，"了解班旗的用途"达到良好程度，"积极尝试把不同图形组合起来设计班旗"和"能够基于同伴们提出的建议，修改班旗的设计，听取同伴们的建议"基本达成。

表 2-16 "班旗"评价表

评价内容	星级表现
了解班旗的用途	★★★
积极尝试把不同图形组合起来设计班旗	★★
能够基于同伴们提出的建议，修改班旗的设计，听取同伴们的建议	★★

6. 实录

在开展班本化项目的过程中，幼儿围绕着班旗这一主题提出了一系列问题："生活中你见过哪些旗帜？""我们班有旗帜吗？""班旗有什么用途？""为什么我们需要班旗？""什么场合下我们会需要班旗？"通过这些问题的讨论，幼儿表达了想要拥有一面代表大（4）班班旗的愿望，这面班旗不仅代表了他们的思想和精神，也象征着健康、勇气和团结。

幼儿认为班旗在多种场合中都非常有用（如游学活动、写生、做操、散步、早操律动评比、小主人、小梦童、运动会等），班旗可以成为大（4）班的象征。在这样的认识下，幼儿自由分组、结对开始设计班旗。他们选出了三种图形——五角星、爱心和菱形，并设计出 9 面班旗。每个设计都有其独特的含义，如 30 个图形代表班级中的 30 名孩子，书的外形代表对学习的热爱，幼儿围坐一起象征快乐的集体生活。

分析反思：

幼儿在"班旗"项目中表现出极大的热情。整个过程从提出问题开始，到讨论和决定设计中的主要图形，再到设计实施，幼儿都积极参与，表现出强烈的主动性和创造性。他们选择以个人创作或小组合作的方式进行设计。在小组合作的过程中，

幼儿相互协商，将个人的经验和想法融合成小组的共识。这个过程不仅促进了幼儿之间的交流和合作，也让他们从同伴那里学到了不同的经验和观点。

当涉及决定哪一面班旗最能代表班级时，我们让幼儿采用"三明治点评法"。这种方法促使幼儿以积极正面的方式分享自己的看法。首先表扬每一面旗帜的独特之处，然后提出改进建议，最后以赞美结束。这样的评价方式鼓励了幼儿表达自己的意见，同时学会了如何以建设性的方式提出批评。

跟进策略：

发挥家庭资源：鼓励家长帮助孩子了解不同旗帜的含义，以丰富幼儿设计班旗的灵感。

实物制作：将幼儿的设计成品制作成实物旗帜，让幼儿体会到将想法变为现实的喜悦。

增加同伴间的互动：鼓励幼儿分享自己的设计思路和遇到的问题，通过讨论和合作来寻找解决方案，使班旗设计过程更加富有意义。

（执教与设计：龚嫣芳）

案例三：机器人时光探险

1. 项目由来

在自由活动中，睿睿的机器人引起了幼儿的浓厚兴趣。默默分享了自己在餐厅看到机器人端菜的经历，引发了幼儿对机器人功能和用途的好奇询问。这激发了一系列关于机器人的活动。

幼儿对新奇事物的好奇心十分旺盛。只有吸引到他们的兴趣，才能真正激发他们参与学习的动力。幼儿感兴趣的机器人主题，无疑能有效促进他们的全面发展，为他们的学习和成长开辟更多可能性。

2. 价值取向

首先，这一活动激发了幼儿提出问题、积极探索的精神。当睿睿的机器人激起了幼儿的兴趣后，他们便围绕机器人主动提出各种问题，并试图从日常生活和网络资源中寻找答案。

其次，我们通过工程五步法来推动对机器人主题的深入探究。在教师的引导下，幼儿依托工程五步法，大胆地想象和设计自己的机器人。他们通过规划、分工、实施及适时调整，不断完善机器人的设计，展现了在小组合作中的"先思考、后行动、边做边改进"的学习模式。此外，幼儿在设计过程中还会考虑机器人如何服务人类，使生活更便捷。

最后，我们重视培养幼儿的合作精神和思维挑战能力。在项目实施过程中，幼儿通过团队协作来制定计划和分工。他们在实践中发现并解决问题，不断挑战自己的思维极限，逐步形成了善于合作和思考的学习品质。

3. 设计思路

机器人项目活动旨在激发幼儿的创造力和团队合作精神。幼儿们共同探讨并设计了他们理想中的机器人，接着大家一起搜集各种材料，如纸板、塑料瓶、彩色笔等，为制作机器人做好准备。在分工合作的过程中，每名幼儿都积极参与，贡献自己的力量，最终制作出独一无二的机器人模型。项目的高潮是成果展示环节，幼儿们自豪地展示他们的作品，并在评价交流中分享制作过程中的乐趣和学习经验。这个项目不仅提升了他们的动手能力，还增强了解决问题的能力和团队协作的意识（见图 2-9）。

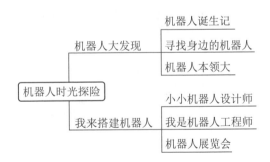

图 2-9 "机器人时光探险"设计思路图

4. 调整与支持

在开展的机器人制作活动中，不可避免地遇到了一些挑战。面对机器人部件连接不牢和缺乏互动性的问题，我们采取措施确保幼儿能顺利完成并享受互动乐趣。

我们提供多种固定材料如双面胶和胶枪，并指导幼儿学会正确使用方法，以增强部件连接稳定性。同时，提供互动机器人（包括小型和可穿戴大型机器人）的模型制作指导，以引导幼儿制作既吸引人又能玩耍的机器人，使活动不仅限于制作静态模型，而且涵盖动态玩具制作，从而丰富幼儿的制作和互动体验（见表2-17）。

表2-17　"机器人时光探险"调整表

发现的问题	过程中的支持
在制作机器人的过程中发现机器人的某些部件连接不牢固，总是会掉	提供各类不同的固定材料（如双面胶、透明胶、胶枪等）
机器人制作后只能观赏，不能玩	提供能互动的机器人的制作图片及方法，制作可以玩的小型机器人和大型的能套在身上的机器人模型

5. 发展与评价

活动评价的开展对于班本化项目活动具有重要意义。班本化项目活动"机器人时光探险"评价表（见表2-18）显示，"了解机器人与我们生活的关系，感受科技的进步"达到良好程度，"积极尝试合作制定简单的计划，并动手制作一个属于自己的机器人"和"能够基于项目实施过程中的问题，不断调整实施方法从而优化成品"基本达成。

表2-18　"机器人时光探险"评价表

评价内容	星级表现
了解机器人与我们生活的关系，感受科技的进步	★★★
积极尝试合作制定简单的计划，并动手制作一个属于自己的机器人	★★
能够基于项目实施过程中的问题，不断调整实施方法从而优化成品	★★

6. 实录

在美工区活动时，幼儿常会将桌面和地面弄得满是纸屑，清理起来相当费时。某日，柠柠在整理美工区时突发奇想："老师，我知道现在有扫地机器人，我家就有一个，通过妈妈的手机就能操作，它能让地面变得非常干净。"这一想法立即引起了班上其他孩子的共鸣。

安安补充说："我家里的机器人还能拖地呢！"沐沐则提出："我们班为何不做一个扫地机器人呢？这样美工区就不会有纸屑了，老师也无须费力拖地。"柠柠进一步想象："我们要制作一个既能清理桌面垃圾又能扫地的机器人。"轩轩给出了一个名称："那就叫它'清洁机器人'吧。"

于是，幼儿开始了清洁机器人项目，共同讨论并制定了机器人的计划书。他们打算制作一个人形机器人，其脚底能像扫地机器人一样移动并清理地面垃圾，两手则像吸尘器一样能够清洁桌面垃圾。

柠柠提出："工程院里有软管，可以用来制作机器人的手。"安安发现："运动区有平板车，正好可以作为机器人的脚。"面对如何组装这些部件的问题，柠柠说："我家有大纸箱，可以用来做机器人的身体，我明天带来。"

分析反思：

在此次活动中，幼儿展现了极强的主动性和创造力。他们从日常生活中的观察出发，提出制作清洁机器人的构想，并根据现有材料和经验进行设计，同时对所需材料进行了思考。这表明他们能将生活中积累的机器人知识应用到实际操作中。

在讨论过程中，幼儿积极表达自己的观点，通过相互启发和补充，表现出良好的团队协作能力。他们能协调不同的想法，最终形成明确的计划。幼儿在活动中不仅展现了积极的态度和热情，面对技术挑战时也能积极思考解决方案，勇于探索实践。

跟进策略：

校企联合活动：通过与企业合作，组织幼儿实地参观与机器人相关的企业，如格物斯坦（上海）机器人有限公司，让幼儿近距离了解清洁机器人的工作原理和构造，为他们的设计和制作提供具体参考。

多元材料支持：在活动区投放更多与机器人相关的材料，如管道、齿轮、马达、遥控器等，以激发幼儿的创新思维和想象力，引导他们尝试自行设计和制作机器人。

（执教与设计：王紫韵）

第三章

STEM+ 创客小镇

STEM+ 创客小镇是 STEM+ 玩创活动中的第二个活动。其以幼儿为中心，充分利用户外资源，具有探索性和创新性的特点。其目的是助力儿童兴趣发展，让幼儿在更广阔的环境中与大自然紧密接触，探究自然界的奥秘。活动主要依托幼儿园的户外资源，将创客活动融入户外游戏。目前，我们主要通过小叶农庄、小叶百草园、小叶建构园、小叶巧手坊等场地，开展扎染、木工 DIY 等玩创活动。STEM+ 创客小镇旨在使幼儿能在更宽广的环境中亲近大自然，发掘自然的秘密。活动内容紧密围绕幼儿园的户外资源展开，巧妙地将创客元素融入户外游戏。

STEM+ 创客小镇实践策略

STEM 教育凭借创新的教育战略视野，倡导将不同领域的知识通过课程进行整合，这对教师的课程整合能力、课程设计能力及资源整合能力提出了更高的要求。基于创造的学习被认为是人类最基本的学习方式。创造不仅是学习的途径，其产物也是学习的成果。美国的"创客教育"将基于创造的学习视为学生真正需要的学习方式，认为它旨在培养学生的创造兴趣、信心及能力。

因此，我园开展了 STEM+ 玩创活动。STEM+ 创客小镇作为 STEM 理念下的幼儿玩创活动平台，旨在利用幼儿园的户外资源，开展以幼儿为主体的创客活动，为幼儿提供了一个融合科学（Science）、技术（Technology）、工程（Engineering）以及数学（Mathematics）等领域知识的实践平台。在此，幼儿可以通过动手实践、探索和创造，将零散的知识整合为系统的能力，以解决实际问题。我们鼓励教师将 STEM 理念融入教学，不断更新教育观念及对幼儿学习的理解，在与幼儿共同的活动体验中实现自我成长和专业发展。

一、设定可行路径，逐步践行

我园的 STEM+ 创客小镇是 STEM+ 玩创活动的一个重要组成部分。通过充分利用幼儿园的户外资源，它将创客教育理念与幼儿的户外游戏紧密结合。这种活动不仅促使幼儿在自然环境中学习和探索，还鼓励他们将所学知识应用于实际操作中，体验创造的过程，并在此过程中培养创新思维和问题解决能力。

STEM+ 创客小镇的实施路径清晰且具体。活动以幼儿对内容的设想和讨论为起点，激发他们的初始兴趣和创造想法。基于这些讨论，教师与幼儿共同制订具体的实施计划，包括明确活动目标、所需材料及步骤。接着，在户外环境中实际操作。幼儿在教师的引导下，利用自然资源和预备材料，动手实现创意，创造出有意义的作品。

创作完成后，将这些创客成果用于户外游戏中。这不仅肯定了幼儿的创造力，也让他们看到自己努力的直接成果，增强了继续探索和创造的动力。更重要的是，幼儿能够在游戏中体验到创新成果带来的乐趣，理解创造和实践的价值。

通过这种实践活动，我园不仅让幼儿体验了从想法到成品的完整创造过程，还促进了他们在创新能力、团队合作能力和自我表达能力等方面的发展。同时，STEM+ 创客小镇已成为教师专业成长的重要平台。在指导这些活动的过程中，教师不断积累教学策略，形成实践性的智慧，与幼儿共同成长。这样的教育实践不仅丰富了幼儿的学习体验，也为提升幼儿园的教育教学质量提供了有力支撑（见图 3-1）。

图 3-1　STEM+ 创客小镇实施路径图

二、依托户外资源，把握要点

为了顺利建设和实施 STEM+ 创客小镇，我园充分利用了丰富的户外资源。STEM+ 创客小镇的活动不应局限于室内，而应拓展至户外空间，如花园和操场，以便幼儿能与大自然紧密接触。在自然环境中，幼儿得以自由探索、观察和实验，进而揭示自然界的奥秘。这不仅丰富了他们的学习体验，而且增强了其对自然环境的尊重和爱护。

（一）结合户外资源，开展以幼儿为主的创客活动

在推进实施 STEM+ 创客小镇的过程中，我们特意选取了园区内的花园和操场作为教育项目的核心实施场地。此举旨在打破传统的室内学习模式，将幼儿直接带入

自然环境之中，为他们提供广阔的学习和探索领域。在这些户外场所，我们鼓励幼儿自由探索周遭世界，通过观察和实验发现自然的奥秘和规律。

这种亲身体验和动手操作的学习方法，不仅让幼儿的学习体验更加丰富生动，还深化了他们对自然环境的了解和爱护。通过与大自然的直接接触，幼儿学会了如何观察自然现象、提出问题，并尝试通过实验寻找解答。这一过程既促进了他们科学知识的积累，也锻炼了他们的观察、思考和创造能力。

更重要的是，这种在自然环境中的探索和学习帮助幼儿建立了人与自然和谐相处的意识，增强了他们保护环境的责任感。他们学会珍惜自然资源，认识到人类活动对环境的影响，并通过自身的实践行动，为环境保护作出贡献。

（二）鼓励幼儿将自己的成果投入户外自主游戏

我园"STEM+创客小镇"活动深受幼儿喜爱。该项目特别强调通过创客活动让幼儿亲手制作成果，并直接融入他们的户外游戏。无论是精心设计的科学实验装置、自制的玩具，还是独具匠心的艺术品，这些创作成果都直接体现了幼儿在探索过程中的学习与成长。以大班"扎染"活动为例，幼儿在"小叶巧手坊"内自主分组，通过讨论后制订扎染计划，并利用不同的方法和颜色创作各式各样的花布。扎染作品晒干后，幼儿根据计划设计并制作成包包、衣服和桌布等。在户外角色游戏中，幼儿将这些扎染成品带入游戏（如野餐的桌布、时装秀的衣服、"妈妈"的包包），使参与游戏的幼儿更加快乐和充实。

我们鼓励幼儿将这些成果带入户外游戏，让他们在自然游戏环境中发现自我创造的意义和价值。这种实践不仅增强了幼儿对自身能力的认识，也让他们在游戏中体验到创造的满足感和成就感。更重要的是，这一过程使幼儿深刻感受到自己作为创造者的角色，增强了他们继续探索未知和解决问题的兴趣与动力。

以创客活动为基础的学习体验对培养幼儿的自信心至关重要。它不仅让幼儿认识到自己的创造能力，也帮助他们理解如何通过努力解决实际问题。在此过程中，幼儿的社交能力、团队合作能力和创新思维也得到了显著提升。

通过这种教育实践，我们为幼儿创造了一个充满挑战和创新的学习环境，为他们未来的学习和生活奠定了坚实的基础。我们坚信每个幼儿都是一个小小的创造者。

通过参与"STEM+创客小镇"的活动，他们不仅学会了创造，更学会了在创造中成长和发展。

三、创新评价机制，反复调整

在我园实施 STEM+ 创客小镇活动的过程中，评价机制的深化理解和应用成了提升活动效果的关键。我们通过精心设计评价系统，全面捕捉幼儿在创客活动中的表现，以提供实时反馈和持续激励，支持他们的创新学习旅程。

为确保评价的有效性，我们构建了一个详细的评价框架。该框架不仅有教师的专业观察和评价，还鼓励幼儿互评以及自我评价，以便从多个维度全面捕捉幼儿的学习进步和成长，为他们提供全面的支持和鼓励。

评价工具的设计细致入微，如表 3-1 所示的评价表详尽列出了评价指标和标准。这些清晰明确的评价工具使我们能够精确识别幼儿在活动中的优点和成长潜力，并及时提供相应的指导和支持（见表 3-1）。

表 3-1　STEM+ 创客小镇活动评价表

班　级		日期		评价者	
评价内容	评价标准				备注
	优秀 （4分）	良好 （3分）	合格 （2分）	不合格 （1分）	
幼儿是否积极参与"创客小镇"活动					
在"创客小镇"中幼儿的活动的创造性					
在"创客小镇"中幼儿活动的内容是否新颖且多样化					
在"创客小镇"中幼儿的玩法是否有创新意识					
在"创客小镇"中幼儿能否积极探索、勇于创新					
综合评价（得分）					

　　在评价内容方面，我们格外重视幼儿在活动过程中展现的探索精神、创新思维以及问题解决等能力。这种全面的评价内容帮助我们深入理解幼儿的学习过程，认可他们的点滴进步和成长。

　　评价过程的设计确保评价活动贯穿于整个活动过程中，不仅仅是在活动结束后进行总结，更是活动进行中的一个关键环节。这种连续的评价过程使我们能够及时捕捉幼儿的表现，适时调整教学策略，确保实现最佳的学习效果。

　　评价的终极目标是通过评价过程促进幼儿的自我反思和激发其学习动力，同时为我们教师提供了反思与成长的机会。借助这样的评价机制，我们不仅能够促进幼儿的个性化发展和全面成长，也能够推动教师专业技能的提升，从而共同创造一个充满创新和探索精神的学习环境。

STEM+ 创客小镇是我园 STEM+ 玩创活动的载体，旨在通过利用幼儿园的户外资源，开展各类以幼儿为主导的创客活动，为幼儿提供集游戏与教育于一体的实践平台。我们精心筛选并展示了一系列创新的项目案例。它们来自我们日常的教学实践，都是我们师生共同努力、探索和创造的成果，不仅反映了幼儿对科学、技术、工程、艺术和数学领域的深入理解，还体现了他们在解决问题和创新设计中所展现出的能力。

通过这些精选案例的展示，我们希望能够进一步强调 STEM+ 创客小镇活动对于促进幼儿全面发展的重要性。

一、3—4 岁幼儿 STEM+ 创客小镇实践案例

案例一： 神奇的影子

1. 背景

户外探究活动让幼儿在大自然中进行各类探究学习，旨在帮助幼儿获得基础的科学知识，发展思考能力以及自主学习、合作和解决问题的能力。我们非常注重幼儿的年龄特点，以提高他们参与探究活动的兴趣。

在小班的户外探究活动中，影子、大树、蚂蚁和毛毛虫等既是幼儿感兴趣的对象，又在日常生活中很常见，便于幼儿观察。根据《上海市幼儿园办园质量评价指南》的要求，遵循小班幼儿的年龄特点和兴趣、需求，在"神奇的光"这一班本化

探究活动中，我们发现幼儿对光影表现出浓厚的兴趣，并乐于探究其中的变化。因此，我们将班本化探究活动扩展至户外，让幼儿开始探究自己的影子。

2. 实践

（1）影子在哪里

在户外探究中，当心心说"我有影子"时，班上的其他孩子纷纷表示："我也有。"他们急切地开始寻找自己的影子，并指着说："在这里，在这里。"我假装好奇地问："你们的影子究竟在哪里？它在你身体的哪个部位呢？"幼儿们指着自己的影子说："在这里。""我的影子在前面。""我的影子在后面。""我的影子在旁边。"……他们在阳光下笑着、跑着，不断变换位置，大胆地使用方位词表达自己的发现（见图 3-2）。

图 3-2　幼儿看影子

在户外探究活动中，教师通过提问和引导，帮助幼儿深入了解影子的原理和特性。教师观察记录幼儿探究影子时的行为和发现，有助于了解他们对影子的认知及思考方式。

（2）影子排排队

孩子们在阳光下排成一排，背对着阳光，指向地面的影子，齐声说道："看，我们的影子也排成了一排。"我指着他们的影子提议："让我们数一数这里有多少个小朋友。"幼儿们开始逐一点数，大声说："十八。"接着我问："那影子会有多少个呢？"小班的幼儿直接数起了影子："我们有十八个，影子也有十八个。""每个人都有一个影子。"孩子们因此感到非常高兴。

我进一步提问:"你们的影子都一样吗?"幼儿异口同声地回答:"不一样。"在讨论"不同之处"时,他们指向地上的影子说:"有的影子长,有的影子短。""有的影子大,有的影子小。""我的影子胖,他的影子瘦。"孩子们在这个游戏中兴奋地跳跃着。

在户外探究中,教师可以为幼儿创造更多实践和探索的机会,如让幼儿观察和比较自己与他人的影子,从而认识各自身高的差异。此外,教师还可以指导幼儿通过语言描述、绘画或拍照等方式,记录他们的观察和发现。

(3)我们和影子玩游戏

面对"我们能与影子玩什么游戏"的疑问,孩子们开启了小班的第一次儿童会议。在讨论中,孩子们提出了许多创意十足的想法(见图3-3)。

经过讨论,我们决定一起与影子玩耍(见图3-4)。孩子们在跑道上往返奔跑,从南边跑到北边,再从北边跑回南边。我好奇地询问:"在你们与影子的跑步比赛中,谁跑得更快?"一些孩子认为:"影子跑得快。"而另一些孩子则认为:"我跑得快。"

我们和影子玩什么游戏?

和影子一起跑步
和影子躲猫猫
和影子玩开车游戏
玩打怪兽游戏
和影子玩排队游戏
……

图3-3　幼儿讨论图

图3-4　和影子玩耍

我继续追问:"你的影子会变化吗?它是如何变化的呢?"孩子们立刻四处奔跑,

并不断地跑回来告诉我："我跑，影子也跟着跑。""我动，影子也动。""我蹲下时，影子就变小了。""影子甚至会跟我一起跳舞。"接着，我又提出了一个问题："影子总是跟随着我们，你能把影子藏起来吗？"孩子们迅速散开，有的躲到了花丛的阴凉处，有的藏在了屋檐下，还有的干脆趴在地上，抱着头缩成一团，努力让自己的影子变得更小或甚至消失，以此尝试"把影子藏起来"。乐乐甚至说："我把影子藏到土里去了。"

在自由观察、自由探索的过程中，孩子们用生动的语言表达了对影子特性的认识，并将这个活动当作一种游戏，从中体验到了发现的乐趣。我感到非常欣慰。这种活动不仅激发了孩子们的好奇心，还帮助他们在实践中学习和理解了影子的基本特性，同时培养了他们的观察能力和创造性思维。

教师可以设计一系列挑战性任务，以促进幼儿对影子的深入探索和理解。在户外活动中，幼儿对影子的观察和探究可以成为一种有趣的学习经历。教师应关注幼儿的动作、表情和言语，以捕捉他们对影子的兴趣点和理解水平。这些户外探究活动可以有效地激发幼儿的好奇心和探索欲，促进他们思维和感知能力的发展。

3. 分析思考

（1）重视给予幼儿充分表达的机会

在日常生活中，周遭环境充满了丰富的科学知识，幼儿时时刻刻都在与之互动。影子作为一个伴随每个人的现象，在日常生活中往往被忽视。幼儿通常不会主动去关注其存在或探索其奥妙。

幼儿在户外游戏时开始注意到影子。教师作为活动的观察者和支持者，应该跟随他们的步伐，提供必要的支持和引导。通过耐心倾听，给予幼儿充分的表达和交流机会，运用如"找影子在哪儿"的方位游戏等方法，可以有效增强幼儿对活动的兴趣，鼓励他们勇于探索和表达自己的观点。

（2）亲历探究过程，获得科学经验

科学知识的传授不是活动的主要目的，更重要的是让幼儿经历探索过程并培养其科学学习的态度。直接告知幼儿影子的特征可能简单明了，但这样的知识对幼儿

来说可能是外在的、浅层的。将幼儿带到户外与影子互动，让他们自然地发现影子的特征，如"每个物体都有影子""我们动，影子也动"等。这样的经验是通过体验获得的，会更加深刻和持久。

（3）正确对待幼儿认知上的"错误"

幼儿对事物的认知受到他们现有经验的影响，在探索事物时表现出的看似不合逻辑的想法，而在他们自己的认知结构中却是合理的。例如，在"藏影子"游戏中，幼儿以自己的方式尝试"藏"影子，并给出富有想象的解释。这些看似幼稚的行为和回答，实际上是幼儿探索世界的天真表现，应当被鼓励和接纳。幼儿的科学活动是一种"游戏化的探究"，其目的在于通过游戏的形式让幼儿体验和探索科学现象。我们应以一种宽容和理解的态度，接受幼儿按照自己的认知水平进行的科学探索与表达。

4. 教师感悟

选择与幼儿年龄特点相符的户外探究活动内容，应紧密围绕儿童的实际问题。通过各类户外探究活动的开展，我们旨在促进幼儿在合作交往、语言表达、思维逻辑等多方面的发展。

通过参与户外影子探究活动，我深刻感受到幼儿在自然环境中学习和成长的重要性。幼儿通过观察、实践和合作，不仅能深入理解影子的形成原理，还能培养他们的观察力、科学思维、想象力和创造力。教师应持续鼓励幼儿在户外进行探究和游戏，以激发他们的好奇心和探索欲，为他们创造更多学习机会，并提供丰富的学习体验。

在户外游戏的探索过程中，我们与孩子们一同探究、发现、感受惊喜。我们惊叹于孩子们能够创造出如此多精彩的故事，惊叹于他们年幼却展现出的智慧，惊叹于他们总能给我们带来意想不到的惊喜。当我们将决策权交给孩子时，他们的探究成果远超我们的预期。我们也感到幸运，能伴随孩子们一起分享成功的喜悦。

（执教与设计：许丽红）

案例二：落叶跳舞

1. 背景

在温暖的阳光下，孩子们在户外畅快地玩耍。突然，他们注意到地面上布满形态各异、色彩斑斓的树叶，仿佛大自然特意赐予的礼物。这些美丽的树叶立刻吸引了孩子们的注意。大家纷纷围了过来。

随着一阵轻风吹过，树叶纷纷从树上飘落，宛如在空中起舞。这一幕让孩子们惊叹不已，纷纷发出了惊喜的"哇"声。一些孩子伸出双手，试图捕捉那些飘落的树叶，体验它们的轻盈与自由；另一些孩子则蹲在地上，细致地观察手中的树叶，好奇地探索它们的纹理和颜色。

看到孩子们展现出的兴奋和好奇心，我们决定引导他们更深入地观察和模仿树叶飘落的姿态。我们鼓励孩子们细致地观察树叶在空中飘落的轨迹及其轻盈落地的样态。孩子们开始尝试用自己的身体语言模仿树叶的舞动。

接着，我们与孩子们一同探索让树叶"跳舞"的各种可能。我们尝试了摇晃树枝、用嘴吹气等方法，让树叶在空中飘舞。通过这些实践活动，孩子们体会到大自然的奇妙。树叶之舞的探索之旅也随之展开……

2. 实践

（1）自由观察树叶跳舞

随着秋天的到来，幼儿园里飘落着金黄色的树叶。一天下午，户外活动时，孩子们发现地面上铺满落叶。一阵风吹过，更多的叶子纷纷飘落。孩子们兴奋地大声呼喊："哇！好多树叶啊！"一些孩子踏在落叶上，发出了噗哧噗哧的声响。我告诉他们："秋天来了，树叶宝宝从树上飞下来了！"月月兴奋地叫道："看！地上有好多叶子，都是黄色的！"孩子们纷纷弯腰捡起地上的树叶进行观察，有的孩子比较着说："这片是绿色的，不是黄色的。""我的树叶比你的大。""这片是圆形的。"

为了让孩子们更好地参与活动，我准备了几只篮子，鼓励他们结伴捡拾树叶（见图3-5）。孩子们一边捡拾，一边仔细观察。一个孩子指着自己的树叶说："老师，你看，我的树叶上有一个洞！"另一个孩子则发现："这片叶子坏了！"还有孩子注意

到叶子上的特殊色彩："这上面黑黑的！""这片叶子黄黄绿绿的。"

图 3-5　幼儿在捡拾树叶

树叶作为孩子们生活中的一部分，不仅是大自然的象征，也为孩子们的学习和探索提供了宝贵的资源。在捡拾树叶的过程中，孩子们发现树叶的颜色、形状和大小各不相同，从绿色到黄色，从椭圆形到心形，多样化的特点激发了他们的好奇心。他们还注意到一些树叶上的小洞，可能是虫子咬成的，也可能是自然形成的。

通过亲身的观察和发现，孩子们对树叶产生了浓厚的兴趣，并开始思考和探索更多关于树叶的信息。这个过程不仅锻炼了他们的观察和思考能力，还培养了他们的好奇心和探究精神，为他们的学习和成长奠定了重要的基础。

（2）借用工具让树叶跳舞

在一次户外活动中，孩子们在铺满落叶的草地上尽情玩耍。他们踩在落叶上，感受清脆的声响，或是将落叶抛向空中，欣赏它们翩翩起舞的姿态。这片草地上回荡着孩子们的欢笑声和惊奇声，构成了一幅温馨的画面。

看到树叶跳舞的美景，孩子们纷纷表示想要尝试让树叶舞动。我们组织了一次讨论，孩子们纷纷提出了自己的创意方法。月月建议可以用手将树叶抛向空中，让它们在空中舞动；尧尧则认为用嘴巴吹树叶是一个好方法，可以让树叶像在风中飘舞一样；程程提出了使用扇子产生风力，模拟自然风的效果，让树叶随风起舞；而煊煊则想用篮子作为工具，将树叶往上抛，看着它们在空中旋转。

片段一：怎样让容器"跳舞"？

在激动人心的讨论中，孩子们纷纷贡献了自己的点子和建议。经过集体的智慧碰撞，他们最终达成了共识，决定要制作一个能让树叶轻盈起舞的特殊容器。

　　孩子们的热情如火如荼，他们开始四处搜寻合适的制作材料。从竹编篮子到精美的礼物盒，再到日常的牛奶盒子和牛皮纸袋，各式各样的材料都被他们搜罗过来。在家长的细心指导与帮助下，孩子们开始动手，制作能让树叶"起舞"的容器。

　　经过孩子们的共同努力，形形色色的容器终于诞生了。他们迫不及待地将树叶置于容器内，轻轻地摇晃着。神奇的一幕发生了，树叶在容器中真的跳起了优雅的"舞蹈"。

　　通过不断的尝试和对比，孩子们发现由牛皮纸袋制作的容器更轻便，能让树叶跳得更高，这一发现令孩子们欣喜若狂。他们纷纷表示要将这一创意带回家，尝试制作出更加完美的"跳舞"容器。孩子们的探索之旅充满了无限的可能和乐趣。

　　片段二：怎样让落叶跳得更高、更美？

　　在收集和加工落叶的过程中，孩子们通过使用不同粗细的橡皮筋连接容器，并将其挂在绳索上，创造出了一种新的玩法。他们通过拉伸装满树叶的容器后突然放手，使得树叶如同被弹射出去一般，在空中"跳起了舞"。这一现象激发了孩子们浓厚的好奇心，促使他们开始尝试不同粗细的橡皮筋，探究其对树叶飞跃高度和舞动美感的影响。

　　通过不断的实验和比较，孩子们发现不同形状的橡皮筋具有不同的弹性，而较粗的橡皮筋能够使树叶跳得更高、"舞"得更美。这一发现极大地激发了孩子们的兴奋和探索欲，促使他们更加认真地收集和加工落叶，利用各种粗细的橡皮筋制作出多样化的容器，让树叶在空中演绎出更加绚丽的"舞蹈"。

　　在探索让树叶跳舞的过程中，孩子们展现出极强的好奇心和探索热情。他们不仅多次尝试和观察，还不断调整实验条件，通过实践和比较找到了让树叶跳得更高、更美的材料和方法。这一过程不仅让孩子们领略了树叶"跳舞"的美丽，还引导他们通过自身的实践和思考探索科学原理和自然规律。

　　孩子们的实验发现，容器的材料及橡皮筋的粗细都会对树叶的飞舞效果产生影响，这背后涉及的是弹性、摩擦力等物理概念。通过这种探索，孩子们不仅增进了对科学知识的理解，还锻炼了观察、探究、实践能力，增进了科学素养。这种学习方式让孩子们在游戏中体验科学的乐趣，激发了他们对周围世界的好奇和探索欲，为他们的终身学习奠定了宝贵的基础。

3. 分析思考

(1)投放绘本，持续探索

我们与孩子们共同阅读了《树叶跳舞》这本绘本，它以树叶在风中起舞的美丽画面为主题，讲述了一个引人入胜的故事。阅读过程中，孩子们被故事深深吸引着。他们细致地观察每一幅插图，努力理解树叶是如何随风起"舞"的，以及它们的"舞姿"是如何变化的。一些孩子甚至情不自禁地站起来，模仿树叶的"舞"动，这种投入和热情让大家都十分惊喜。

阅读结束后，我们决定把这本绘本放在小舞台上，以便孩子们能够更深入地理解和体验故事内容。我们在小舞台上准备了几种不同风格的音乐，包括安静的、活泼的和欢快的，使孩子们能够根据音乐的节奏和风格，模仿树叶的不同"舞蹈"姿态。

(2)项目活动如何更具备探究性

在原有的活动中，我们仅提供了不同形状的橡皮筋作为连接牛皮纸袋的材料。这一做法限制了活动的探究性，孩子们无法充分了解和体验不同材料的弹性特点。为了增强项目的探究性，可以引入更多种类的材料，如麻绳和鱼线等。通过使用这些不同的连接材料，孩子们多次尝试和观察，比较不同材料的弹性，从而深入探究各种材料的性质。

此外，我们还可以鼓励孩子们思考和讨论使用不同材料连接牛皮纸袋时的优缺点，以及如何根据实际需要选择合适的材料。这一过程不仅有助于孩子们锻炼观察和实践能力，还能培养他们的批判性思维和问题解决能力，进一步提升活动的探究性和教育价值。

4. 教师感悟

观察孩子们探索的过程，我深切地体会到他们对自然的好奇心和探究欲。他们通过观察、实践和感受，发现了树叶"跳舞"的美丽与奇妙。教师应为孩子们提供丰富的学习机会和必要的资源，激发他们的发现、探索和创造能力。同时，还要引导孩子们关注周围的自然环境，培养他们的环保意识和对大自然的爱。

这次活动使我深刻认识到科学探究的价值以及培养孩子科学素养的重要性。科学素养不仅包括科学知识和技能，更重要的是培养孩子们的科学态度：好奇心、探究心以及对自然的尊重。通过实践活动，孩子们不仅可以学到科学知识，还能培养自己观察、分析、解决问题的能力，这对他们的终身学习和未来的成长至关重要。我们应当继续努力，为孩子们创造一个充满好奇和探索的学习环境，帮助他们在游戏和实践中学习和成长。

（执教与设计：陈韵萌）

二、4—5 岁幼儿 STEM+ 创客小镇实践案例

案例一： 水钟制作

1. 背景

孩子们对"古代人是怎么看时间的"这一问题表现出了浓厚的兴趣。在家长的协助下，他们通过阅读图书、网络搜索和观看相关视频等方式，共同探究了古代的计时方法。孩子们积极地分享和讨论自己找到的资料和发现并加以比较。他们还将自己的调查结果整理成调查表，在班级中进行交流。

当孩子们了解到古代人使用水钟来计时后，他们被这一计时工具的独特性所吸引，并表现出了强烈的探究愿望，想要尝试制作水钟。这不仅是对古代计时方法的学习和了解，也是对科学原理的探索和实践。通过制作水钟的活动，孩子们可以更深入地理解水的流动如何被用来计量时间，从而加深对时间概念和计量单位的认识。

2. 实践

（1）水钟制作 1.0 版

孩子们分小组绘制了计划书，并根据计划书收集了所需材料，随后开始了首次制作（见图 3-6）。小组成员分工协作，有的负责剪裁纸杯，有的负责折叠和装配吸管与纸杯，还有的负责用胶带黏合各个部件。不久，孩子们完成了自己的"水钟"，并迫不及待地前往户外的水池进行首次实验。水池边很快传来了孩子们的声音。

"我的水钟一直在漏水！怎么办？"一个孩子焦急地喊道。

"我的水怎么这么快就流完了，下面的杯子一会儿就满了。"另一个孩子也表示不满。

"哈哈，你的水钟看起来像个拼凑的怪物。"还有孩子在取笑别人的水钟外形。

在分享环节，面对不尽如人意的水钟，孩子们显得犹豫不决，不知如何分享和讨论，几乎所有小组的实验都未能成功。

"我们该怎么办？这样的水钟无法正常工作，应该如何改进？"一个较为主动的孩子提出了问题。

看到孩子们略显沮丧的神情，我安慰并鼓励他们："不要放弃，失败本身不可怕，关键是我们能够发现问题，并改正错误，这样才能做得更好。"

"但是我们不知道问题出在哪里，该如何改进？"一个孩子垂头丧气地说。

"我们可以从失败中发现问题所在，尝试找出问题，然后大家一起讨论如何改进。"于是，第二次"儿童会议"便开始了。

图 3-6　制作水钟 1.0 版

在实验过程中，他们面临漏水、时间不准确、外形不佳等挑战。对于中班幼儿来说，这些问题成了拦路虎，但他们并未因此而气馁。相反，在"儿童会议"的讨论中，他们逐步发现了问题所在，并通过交流和分享，共同思考并提出了改进方案。新方案涵盖了结构、材料和外观设计方面的创新。

尽管首次尝试并未成功，孩子们却通过反思和改进，变得更加兴奋和自信，并产生了新的想法和解决方法。在这一过程中，他们体验到个人的成长和进步带来的喜悦，这种进步恰恰是他们通过合作与探索所取得的成果。

（2）水钟制作 2.0 版

结构创新：制作双层水钟

在首次尝试制作水钟时，许多孩子都遇到了水钟漏水的问题。为了解决这一难题，他们在团队讨论后决定尝试制作一个创新的双层水钟结构（见图 3-7）。

孩子们开始积极地收集各种纸杯和塑料瓶，通过剪裁部分杯子或将瓶子剪成一半，以便能够将两个容器垂直堆叠，形成一个双层的水钟。在这个制作过程中，他们面临多项挑战，包括如何固定两个容器的位置以及如何在上层和下层容器之间安装水管等问题。

通过不断的尝试和调整，孩子们最终成功地制作出了他们自己设计的、不会漏水的双层水钟。看到自己的设计变为现实，孩子们非常高兴。他们互相欣赏和分享自己以及其他小伙伴制作的水钟，体验到了制作过程中的快乐和成就感。这次活动不仅促进了孩子们的创造能力和解决问题能力，也培养了他们的团队合作精神和坚持不懈的态度。

图 3-7 制作水钟 2.0 版

外形创新：制作多重水钟

在决定打造一款外观独特的水钟之后，孩子们投身于对各种材料和设计方案的探索之中。经过深思熟虑，他们决定打造一款与众不同的水钟——一种采用三个杯子依次排列形成台阶状的三重水钟。这一创新设计不仅独树一帜，还增添了美观度。

在激烈的讨论和相互激发想象力的过程中，孩子们决定选用多彩的塑料杯和彩色珠子等材料来完成他们的创作。他们还使用了细绳和胶水来将这些材料精巧地结合在一起。

孩子们最终成功制作出这款既美观又特别的水钟（见图3-8），并对自己的成果感到无比骄傲。当他们尝试用这款水钟来测量时间时，他们的兴奋之情溢于言表。这个具有创新外形的水钟不仅仅是一件美丽的作品，更让孩子们深刻理解到物品的外观和设计对制作过程及最终成果有着重要的影响。

图 3-8　水钟展示

造型创新：制作大尺寸水钟

在决定制作大尺寸水钟之后，孩子们开始寻找适合的大型材料。他们各抒己见，提出了多种想法，包括使用大水桶、大饮料瓶和大塑料盆等。经过讨论和投票，大塑料瓶最终被选为制作材料。

随后，孩子们根据设计图纸认真地剪裁、粘贴和组装，确保水钟能够正常运作。孩子们展现了卓越的团队合作精神和创造力。他们互相协助，共同克服制作中遇到的难题。

成功制作出大尺寸水钟后，孩子们非常自豪。他们不仅欣赏着自己的作品，还尝试用它来测量时间（见图3-9）。这款大容量的水钟能够记录更长时间，这让孩子们对自己的努力成果感到满意。这一经历不仅增强了孩子们的自信心和成就感，还使他们深刻理解到物品的尺寸和材料选择对制作过程和成果有着重要的影响。

图 3-9　用水钟测量时间

在初次尝试制作水钟未能成功后，孩子们并未气馁，反而将此视为学习和进步的机会。他们重新审视水钟的结构和所用材料，深入探索和尝试，进行了一系列创新设计，包括大尺寸水钟、双层水钟和三重水钟。这些新颖的设计不仅有效解决了水钟漏水的问题，还增添了水钟的美观性和实用性。

在水钟制作过程中，孩子们的创新思维和实践能力得到了显著提升。他们勇于尝试各种不同的材料和构造方式，通过动手尝试，找到了最佳解决方案。此外，制作水钟的过程还促进了孩子们之间的协作与互助，体现了团队合作精神。这一经历不仅让孩子们体会到了解决问题的乐趣，也培养了他们面对挑战不轻言放弃的坚韧品质。

3. 分析思考

（1）以失败为踏板，寻找经验

在水钟制作活动中，教师可以引导幼儿通过反思来深化学习经验。每个孩子都可以回顾自己的制作过程，思考成功和失败的经验，并与其他孩子分享自己的心得。这种分享和交流有助于幼儿相互学习和激发新的想法，共同探索解决问题的新方法。面对水钟漏水等问题时，幼儿可以思考如何通过增加密封圈、调整杯子摆放位置或使用更优质的胶水等方法来改进。这一过程不仅帮助幼儿掌握解决问题的策略，而且帮助他们积累了应对挫折时宝贵的经验和知识。

（2）以失败为契机，促进创新

幼儿在制作水钟时遇到的问题，如设计不合理或制作失误，都是学习过程中的重要组成部分。通过反思这些失败的过程，幼儿可以找到问题的根源并尝试改进。例如，面对水钟漏水的问题，幼儿可以通过设计改进和材料更换来寻找解决方案。这些尝试和改进不仅加深了幼儿对水钟原理的理解，还鼓励他们不断尝试和探索，从而促进创新思维的发展。

（3）以失败为起点，不断探索

在项目化学习中，不断的探索是解决问题和取得成果的关键。每次失败都是新探索的起点，为幼儿提供了学习和成长的机会。因此，教师和家长应为幼儿创造宽松的学习环境，提供多元化的支持，鼓励幼儿勇于尝试，不惧失败，持续探索。

4. **教师感悟**

项目活动虽然已经结束，但它带来的启示和探索精神还将持续。在活动的实施和构建过程中，我获得了一些新的感悟：

（1）**培养幼儿的创新意识和实践能力**

兴趣是引领幼儿学习的重要动力，它能够激发幼儿的主动探索和创新意识。在未来的项目化活动中，教师可以通过鼓励幼儿多次尝试、使用不同的材料、工具和方法来培养他们的创新意识和实践能力。此外，通过组织一些创新思维启发活动，如设计挑战、头脑风暴等，可以进一步激发幼儿的创造能力和解决问题的能力。

（2）**推广创新教育的理念**

水钟活动不只是一次简单的探究活动，更是一次培养幼儿创新思维和实践能力的教育实践。因此，教师应将创新教育的理念融入日常教学，鼓励幼儿在各个学科和领域中提出新想法、积极解决问题。这样不仅能够促进幼儿全面发展，也能为他们未来的学习和生活奠定坚实的基础。

通过这些活动和方法，我们不仅能够激发幼儿的学习热情和创新精神，还能培养他们面对挑战时的积极态度和不懈努力的精神，为他们的终身学习和未来的成长打下坚实的基础。

（执教与设计：汪佳琪）

案例二： 探秘蚯蚓塔

1. 背景

在一次雨后的散步活动中，孩子们在小花园里发现了蚯蚓。这引起了他们浓厚的兴趣。他们互相交流，提出了许多问题，比如蚯蚓为什么在雨后才出现、它们平时住在哪里、为什么看不到蚯蚓的眼睛等。孩子们的好奇心被激发，他们想要了解更多关于蚯蚓的信息。

看到孩子们这么感兴趣，我便提出了一个问题："你们知道蚯蚓吃什么吗？"孩子们给出了不同的答案：有的说蚯蚓吃虫子，有的说吃米饭，还有很多孩子表示不知道。于是我建议他们回家后和父母一起查找资料，第二天分享给大家。

2. 实践

（1）教师预设问题：蚯蚓喜欢吃什么？它们有什么本领？

在实践活动中，我预设了问题：蚯蚓喜欢吃什么？它们有什么本领？通过调查，孩子们了解到蚯蚓喜欢吃树叶、腐烂的食物、粪便和泥土等。因此，他们迫不及待地想要在小花园里观察蚯蚓。

小宇和嘉嘉拿着放大镜寻找蚯蚓（见图 3-10）。开始时他们非常兴奋。但经过一段时间的寻找后，他们发现并没有找到蚯蚓。小宇有些沮丧地跑来告诉我："老师，蚯蚓怎么不见了？"我鼓励他不要着急，蚯蚓可能只是躲起来了，建议他再仔细寻找。

图 3-10　幼儿在寻找蚯蚓

这次活动不仅激发了孩子们对蚯蚓和自然界的好奇心，也让他们体会到了观察自然界生物可能遇到的挑战。尽管小宇没有找到蚯蚓，但这个过程中的探索和尝试对他来说是一次宝贵的学习经验。教师可以通过这样的活动鼓励孩子们保持好奇心，培养他们的观察力和耐心，同时也教会他们面对挑战时的应对策略。

"蚯蚓"项目刚开始时，幼儿表现出了浓厚的兴趣，他们围绕"蚯蚓"提出问题、进行交流。个别幼儿在教师的引导下还大胆猜测了蚯蚓的习性。然而，我提出"蚯蚓吃什么"的问题时，多数幼儿表示不知道，只有少数幼儿进行了猜测。考虑到中班幼儿的年龄特点，我鼓励幼儿与家长共同查阅资料以推动项目的开展，但幼儿对这些问题的探究兴趣逐渐减弱。

（2）幼儿生成问题：怎么给蚯蚓造"家"

在活动结束后的交流中，小宇分享了他找不到蚯蚓的遗憾。我询问其他孩子如何观察蚯蚓时，阳阳提议为蚯蚓造一个"家"，以便观察它们。这一提议得到了其他孩子的认同。经过与家长一起探究，孩子们了解到蚯蚓原来生活在泥土中。

第二天，阳阳和小宇尝试为蚯蚓造"家"。小宇建议使用牛奶盒，但阳阳认为牛奶盒太软，易在雨中烂掉。于是他们决定使用塑料瓶，并在材料框里找到了合适的材料。他们一起挖泥土，但活动结束时只挖了一个浅洞。在交流分享环节，我鼓励他们在材料车上寻找更适合挖洞的工具。

这次阳阳和小宇找到了铲子，并在我提醒下戴上了手套和护目镜以保证安全。他们合作挖掘泥土，很快就挖出了一个深洞，并试图将塑料瓶置于洞中。然而，新的问题出现了，小宇发现塑料瓶无法稳固地立在洞中。面对孩子们的困惑，我没有直接提供解决方案，而是鼓励孩子们自己寻找答案。

阳阳经过思考后，提出了寻找更硬的材料以支撑塑料瓶，并拉着小宇一同前往材料筐寻找。尽管他们努力搜索，却未能找到合适的材料。这一过程虽然没有直接解决问题，但是激发了孩子们解决问题的积极性和合作精神，也让他们体会到了探索过程中的乐趣和挑战。

我们决定齐心协力为阳阳和小宇出谋划策，探讨哪种材料最为坚固。孩子们提出了使用班级中的薯片桶、奶粉罐和PVC管的想法。经过深入讨论，大家认识到薯片桶遇雨易烂，奶粉罐体积过大，均不太适合。因此，最终大家一致建议阳阳和小宇尝试使用 PVC 管。

阳阳和小宇选取了一根粗细适宜的 PVC 管，在班级里进行了第三次尝试。这一次，他们挖掘泥土的技巧更加熟练，很快就挖出了一个深洞，并将 PVC 管稳固地插入泥土中。他们还用泥土将管子周围填实，成功构建了一座蚯蚓塔。

这个过程启发了我对于预设和生成问题的深入思考。预设问题虽然没有直接引导幼儿成功开展活动，但是幼儿们却能在这一过程中发现新问题，并进行更深入的探究。这表明，预设问题为幼儿提供了一个探究的起点，而幼儿则通过自己的探索和尝试，不断地超越预设，生成新的问题和思考。

（3）幼儿生成问题：怎么给蚯蚓喂食物

随着蚯蚓塔的成功建立，孩子们开始思考如何给蚯蚓喂食。他们放入了蚯蚓喜欢的枯树叶，但发现蚯蚓并没有来吃。这引发了孩子们新的疑问：蚯蚓如何才能进入蚯蚓塔吃到里面的树叶？

在孩子们的讨论中，栖栖提出了在蚯蚓塔上打洞的想法，以便蚯蚓能够进入。这个建议得到了其他孩子的支持。我们随后邀请了门卫爷爷帮忙在 PVC 管上打了许多小洞，以便于蚯蚓进入。新改进的蚯蚓塔被放置在小花园里，以期待更多蚯蚓的到来。

这一系列的活动不仅锻炼了幼儿的实践能力和解决问题的能力，也培养了他们的创新思维和团队合作精神。通过不断的尝试和改进，幼儿们在探究的过程中获得了宝贵的经验和知识。

幼儿对于"给蚯蚓造'家'"的活动表现出极高的兴趣。这种兴趣成了推动整个活动开展的重要动力。在探究过程中，孩子们遇到了塑料瓶不能稳固地立起来的问题，教师没有直接提供解决方案，而是采用了评价表的方式，以引导孩子们自主思考和解决问题。

孩子们通过自己的观察和实践，对薯片桶、奶粉罐和 PVC 管这三种不同的材料进行了评估。他们通过对比这些材料的特性和适用性，最终选择了 PVC 管。这个过程不仅锻炼了孩子们的观察和分析能力，也培养了他们自主解决问题的能力。

通过这次活动，孩子们成功解决了"蚯蚓塔不牢固"的问题，也体会到了从发现问题到解决问题的整个过程。这不仅增强了孩子们对自然界的探索兴趣，也提高了他们的实践操作能力和团队合作精神。同时，教师通过这样的引导方式，有效地促进了孩子们创新思维的发展。

3. 分析思考

（1）赋权儿童，教师预设和幼儿生成之间的转变

从这个户外探究活动案例中可以看出，"蚯蚓"这个项目是由幼儿的兴趣产生的。教师及时抓住了这个兴趣点，预设了"蚯蚓喜欢吃什么"和"蚯蚓的本领是什么"这两个问题。而在实际的探索过程中，幼儿逐渐对这两个问题失去兴趣，反而生成了"怎么给蚯蚓造房子"和"怎么给蚯蚓喂食物"这两个问题。教师站在"儿童视角"顺应了这两个新问题的生成，支持了项目活动的开展。这一转变突出了"赋权儿童"的理念，让幼儿自己决定项目活动的内容，做项目真正的主人，进行自主探索和深度学习。

（2）基于幼儿兴趣，给予有效支持

在发现幼儿对蚯蚓项目失去兴趣后，教师通过交流分享环节倾听幼儿的想法，了解幼儿的关注点和兴趣点，让幼儿的共同兴趣成为新的探究内容。面对"选择什么材料来造蚯蚓的家呢""要把家造得多深呢"这一系列问题，孩子们商讨并寻求教师的帮助。他们按照自己的计划把可能需要的材料在泡泡纸上记录下来，一起去材料区寻找。教师也通过收集的方式帮助幼儿一起找出最适合造房子的材料。教师在户外探究活动中以观察为主，观察幼儿的表现（包括与环境、材料、同伴的互动，与探究有关的兴趣、行为等），以了解幼儿的兴趣、问题，做出适宜的、及时的反应，提供适时的、适当的隐性指导与帮助，推动户外探究活动的开展。

（3）注重真实体验，促进幼儿全面发展

《3—6岁儿童学习与发展指南》指出："老师要和幼儿一起发现并分享周围新奇有趣的事物或现象，一起寻找问题的答案。"通过提问，老师聚焦幼儿与蚯蚓相关内容的互动。幼儿通过直接感知、亲身体验和实际操作来探究和学习，对蚯蚓有了全

新的认识,体现了幼儿思维的独创性。通过探索和实践,幼儿自主寻找蚯蚓,思考解决如何给蚯蚓造"家"、如何给蚯蚓喂食等问题,促进了幼儿学习与发展的整体性。在这个探秘蚯蚓塔的过程中,幼儿表现出了坚持性、专注性和探究能力。

4. 教师感悟

(1)尊重儿童,让儿童成为项目活动的起点

项目活动源于幼儿的真实兴趣和真实问题。自然环境和幼儿的生活经验是幼儿探究的重要资源。在真实的探索中,自然资源和生活经验可以帮助幼儿认识动植物以及自然现象,指引幼儿自主探索、主动发现,实现与同伴、材料和成人的互动,在解决问题的过程中获得快乐与发展。在倾听幼儿和支持幼儿的过程中,教师要充分尊重儿童生成的内容,形成新的项目起点。

(2)解放儿童,让儿童成为有能力的学习者

《3—6岁儿童学习与发展指南》中指出:"引导幼儿亲近大自然,喜爱动植物,激发幼儿对大自然的好奇心和探究欲望。"在户外的自然探究活动中,教师要充分放手,解放儿童的思维,促进幼儿的全面发展。

(执教与设计:龚彦)

三、5—6岁幼儿 STEM+ 创客小镇实践案例

案例一: 宠物喂水器

1. 背景

假期结束时,孩子们惊讶地发现百草园里的小松鼠死了。他们开始思考:小松鼠为什么会死呢?这个问题引发了他们对小动物养育过程的好奇心和关注。同时,他们意识到,在假期期间,小松鼠可能没有足够的饮用水,从而导致了它的死亡。于是,他们决定展开一个新的项目:帮助小松鼠制作一个喂水器,让它在假期也能有足够的水喝。这个项目将为孩子们提供一个实践的机会,让他们在设计和制作喂水器的过程中学习关于生命的重要性和责任,同时促进他们的团队合作和创造能力。

2. 实践

（1）实录一：神奇的喂水器

在百草园里，我们养了一只小松鼠。一个周一的上午，孩子们发现小松鼠死了，他们议论纷纷。

"小松鼠会不会是饿死的啊？"

"也有可能渴死了。"

"我们可以做一个自动的喂水机器。"

"没错，这样小松鼠就能和我们一样想喝水的时候就能喝到啦！"

因此，基于儿童的生活经验和兴趣，大班的孩子们和教师进行了探索和思考，开始一段共同制作"宠物喂水器"的探究旅程。如何制作一个自动喂水器成为问题的焦点。基于幼儿的兴趣，师幼共同开展了讨论，由此引入本次 STEM 项目任务：寻找生活中可利用的废旧材料制作一个自动喂水器。根据收集到的废旧材料，结合幼儿的已有经验，每个幼儿像一名工程师一样，根据自己的设计图纸自由选择材料，开始制作创意自动喂水器。在制作的过程中他们使用了胶枪、剪刀、尺子等工具来组装材料。

"宠物喂水器"是幼儿从日常的科学主题探究学习转向科学与工程实践活动的实践。在本次"宠物喂水器"活动中，幼儿进行了前期的学习、计划、设计、多次反复的尝试与调整，在发现问题、分析反思、重新制定方案、制作、试验这一系列步骤中，幼儿真实地体验和参与整个探究过程，并运用科学、数学、技术、工程等知识经验，层层递进，主动建构新知识，在不断发现问题与解决问题中逐渐提升经验，完善作品，最后呈现自己的创意成果。在制作自动喂水器的过程中要用到剪刀、凿洞器等工具。教师要在活动引导幼儿做好个人防护，如戴较厚的手套、护目镜等，还要提醒幼儿要有自我保护的意识。

（2）实录二：自动喂水器

幼儿："老师，你用瓶子在做什么呀？"

老师："如果你们想知道的话，就去准备下面几样东西，有盖子的矿泉水瓶子、墨水、毛线球、饭盒。"

孩子们很快就把我说的东西准备齐全了。

教师做了一个设备，请孩子们盯着瓶子里的水，看看水有没有什么变化。

我一边动手做喂水器，一边告诉幼儿任务，让孩子们参与实验。孩子们很开心地做着分配给他们的事情，有的拿剪刀，有的去装水，有的观察瓶子……

大概五分钟后，有幼儿很兴奋地跑过来："老师，下面的瓶子里有水了。"我觉得孩子没有注意到瓶子里面的水减少了，兴许是时机还未到，就让他们继续观察。

又过了一会儿……

幼儿："老师，我们又有新发现了，上面瓶子里的水减少了，因为上面瓶子里的水都流到下面瓶子里去了。"

老师："太棒了！你们的小眼睛真亮，观察得很仔细，那你们有没有想过这是为什么呢？"

幼儿："老师，我知道了，你们在给小松鼠做自动喂水器，对吗？我刚才听到你们说话了，哈哈！"

老师："对呀！"

幼儿："老师，我在家里看到爸爸清理鱼缸的时候，用吸管把里面的脏水吸出来，是不是和这个一样的道理呀？"

老师："你好聪明哦！两者有一样的地方，也有不一样的地方。我们做的自动喂水器是自动吸水，而清理鱼缸的时候要先吸才能出水。一个是全自动，一个是半自动。想知道原因是什么吗？"

开始制作之前，孩子与教师共同进行了前期的准备工作。教师与幼儿通过谈话、讨论的方式提出了自己的想法。在家长的支持与帮助下，孩子们通过查阅资料了解自动喂水器的基本原理，并且把自己心中所想的自动喂水器设计图画下来，回到班上与同伴讨论和交流。在分享的过程中，幼儿自由阐述自己的观点，提出新问题，引发对各组不同方案的进一步思考，进而修正和完善自己的设计方案。紧接着幼儿开始收集后期需要的材料，为制作步骤做好充分的准备。孩子们对所有知识都是好奇的，我们需要做的就是满足他们的好奇心。我没有马上告诉孩子们答案，而是让孩子自己去发现问题。了解毛细现象和虹吸现象，对大班孩子来说，是有点难度的，所以后来我告诉幼儿其中的原理，让孩子们回家和爸爸妈妈一起查找这方面的知识。孩子们通过家长的帮助，对毛细现象和虹吸现象有了更深刻的了解，同时来问更多的相关知识，好奇心造就了孩子源源不断的学习动力。

3. 分析思考

阶段1：

驱动问题：放假的时候小松鼠口渴了怎么办？

幼儿计划：与爸爸妈妈调查喂水器的样式，了解小松鼠适合哪种喂水器。

获得经验：获得信息收集和表达能力。

阶段2：

驱动问题：如何制作宠物喂水器？

幼儿计划：制订喂水器的计划书，并在小组合作下制作喂水器。

获得经验：通过计划、准备和行动，提高了思考、动手和解决问题的能力。

阶段3：

驱动问题：如何让小松鼠一直有新鲜的水喝？

幼儿计划：制订改进喂水器的计划书，并执行行动。

获得经验：通过比较、测量和评价的方式，制作最佳的喂水器。

宠物喂水器项目起源于幼儿的热门话题。在探索各种喂水器的过程中，幼儿发现问题、解决问题的能力得到提升。

幼儿发现问题、解决问题的能力提升：确定项目内容后，孩子们如何深入探究？作为教师，必须帮助他们发现实践中的问题。通过引导，孩子们形成了"发现问题—实践解决—反思—调整优化—解决问题"的螺旋上升实践方式。这逐渐加深了幼儿科学探究的深度和广度。例如，孩子们在尝试制作宠物喂水器时，聚焦于"如何制作宠物喂水器"和"如何让小松鼠一直有新鲜的水喝"这两个问题。孩子们通过猜测、实验、调查、讨论和对比等自主探索方式，呈现出多样化的探究方法。其探究的程度在逐渐加深。

教师分析，引发幼儿持续探究的能力：孩子们成功地帮小松鼠制作了喂水器，但这是否意味着项目结束了呢？一次成功并不是终点，我们应该思考如何持续推进项目。在这个宠物喂水器项目中，教师从幼儿的兴趣点出发，选择了幼儿感兴趣的"小松鼠为什么会死"这个话题展开活动，并以"如何制作宠物喂水器"作为驱动，激发孩子对喂水器的深入探究。在探究活动中，教师以幼儿为主导推动整个活动。面对幼儿的猜测，教师主要是引导，鼓励幼儿大胆探索。当幼儿面临失败时，教师通过儿童会议、信息收集和实验等方法引导他们解决问题。当幼儿取得成功时，教师提出问题"如何让小松鼠一直有新鲜的水喝"，以推动幼儿持续探究。在整个活动中，教师及时引导，把握大方向，让幼儿的探究活动有目的、有计划地进行，且有一定的深度和持续性。这丰富了幼儿的学习路径，使幼儿获得更多的探究经验。

4. 教师感悟

我们的课程资源观正在经历一次蜕变，开始意识到资源与课程之间的密切关系，将资源与幼儿园课程实施紧密联系起来，将其转化为能够促进幼儿发展的课程内容。在本次活动中，我们尝试利用幼儿园内部的小松鼠资源，结合百草园区域的特色，充分挖掘和运用自然资源背后的价值和教育意义，将其作为幼儿获取多种经验的学习资源和机会。

过去，我们可能仅仅让孩子们观察小松鼠，或者给它们投喂一些食物，但现在我们开始进行更深入的探索：开展制作"宠物喂水器"等活动。这不仅是孩子们的探索之旅，也是我们教师在发现资源以及资源课程化意识上的蜕变。

在未来，我们将继续关注资源的选择，学会深入挖掘资源，细致分析幼儿的经验以及这些资源之间的交集。通过这种方式，我们可以更好地将资源转化为有益的学习机会，以促进幼儿的全面发展。

（执教与设计：许志霞）

案例二：扎染的 n 种方法

1. 背景

巧手坊活动是幼儿自主选择活动的重要场所。它既强调幼儿的自主性和兴趣性，又为幼儿提供了主动学习的基本条件。换句话说，巧手坊活动不仅吸引幼儿的兴趣，同时激发幼儿学习的潜能。它突破了传统教育中幼儿处于被动静止状态的局限，即通过教师的设计和创设，让幼儿在与环境的相互作用中得到发展。

扎染是巧手坊中的一个核心活动，是一种传统的染色技术。它将染料直接应用于面料上，运用捆绑、压缩、折叠、绑扎等手法，使染料只进入布料的部分区域，从而形成不同的图案和花纹。在扎染的过程中，孩子们可以欣赏到不同图案的美感，同时能感受到中国民间艺术的独特魅力（见图3-11）。

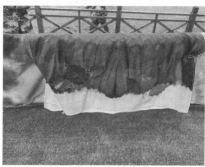

图3-11　幼儿扎染

2. 实践

（1）问题一：扎染的 n 种工具

在户外巧手坊，小朋友们开始扎染了。扎染的第一步是扎布，即对布进行捆绑。然而，大部分小朋友通常只会采用单一的方法，将布随意乱捆。因此，小朋友们开始思考如何利用不同的方法扎布，以创造美丽的染布图案。

琳琳说："我也想扎出圆圆的图案。"

一一道："弹珠是圆的。我们可以用橡皮筋将弹珠捆绑在布上，这样就可以扎出圆圆的图案了。"

说完，琳琳和一一立即开始行动，初步展现了圆形图案的雏形。

沐沐说："那边还有木板，我们也来试试吧。"说完，沐沐将自己的想法记录在观察记录表上，然后与朋友们一起开始扎布。

嘉嘉在外面走来走去。我上前问道："你在干什么呢？"

嘉嘉回答："老师，我在找东西。"说着说着就捡起了草地里的树枝，跑到了扎染区，把木板抽了出来，用树枝代替了木板，说："老师，你看，粗粗的树枝也可以用来扎布！"

旁边的一一看到后，边思考边拿来了扭扭棒说道："扭扭棒也可以用来固定，可以代替橡皮筋。"

老师说："原来除了使用我们平时常用的一些工具，还可以利用一些天然材料来代替。"

孩子们使用了各种材料扎布，通过利用不同的材料和方法，扎染出不一样的图案。下面是幼儿使用不同材料的感受（见表 3-2）。

表 3-2　材料表

材料图片	材料名称	幼儿使用感受
	弹　珠	很好用，可以扎出圆圆的图案
	橡皮筋	固定比较牢固，但是染完之后，比较难拆
	木　夹	方便拆装
	木　板	可以染出横条纹的图案

续表

材料图片	材料名称	幼儿使用感受
	树　枝	木板的替代材料，使用方便

孩子们在活动中，可以通过小叶探究手账进行表征。在我们的大班中，除了绘画，孩子们还会适当采用表格或数字统计的形式进行记录。我整理了一张材料表，对孩子们的小叶探究手账进行了梳理与总结。小叶探究手账不仅仅是幼儿对自己行为的记录，也是我们了解幼儿的重要途径之一。通过接近儿童的表征，我们可以倾听和发现他们的想法，理解他们的情感和需求，见证他们的成长和发展。这让我们得以深入了解他们的内心世界，拥有无尽的惊喜与感动，也激发了我们持续的思考和跟进。

教师还可以通过其他方式记录，如视频、照片等，在活动结束后使用这些记录进行复盘。从儿童的视角看待儿童的世界，我们可以更好地洞察他们的内心，理解幼儿的真实想法和实际需要。

（2）问题二：染色的 n 种材料

扎染的第二步是染色。起初，我们使用了染色剂，这非常方便。然而，随着小朋友们的不断探索，我们发现原来并不只有染色剂可以扎染。

老师问："除了染色剂，还有什么东西也可以用来染色呢？"

一一回答："得是有颜色的东西，有颜色才可以染上去。"

玲玲在巧手坊的门口寻找了一圈，捡起了几片落叶，然后挥了挥手："老师，落叶可以吗？"

程程捡起了地上的落花。其他小朋友去百草园找来了薄荷。他们都想试一试。

妍妍说："这是我刚刚染的布。你们猜一猜，我是用什么染的？"

车车说："你用了红色和绿色的染色剂。"

妍妍说："不对，不对。我刚刚捡了树叶，还有花朵。"

晨晨说："难道你们是用树叶和花朵染的？"

小朋友们都投来了好奇的目光。

老师："你用花朵扎染，和用染色剂扎染的方法是一样的吗？"

妍妍为我们进行了演示。

琪琪："哇，颜色印上去了，但是这个拓印的时间用了很久。"

老师："的确，植物的颜色都拓印上去了。有什么好办法可以让植物拓印更方便、更快呢？"

幼儿对可以用于扎染的材料有一定了解，知道可以通过染色剂进行扎染。然而，这种使用染色剂的经验相对简单。部分幼儿将对生活和自然的经验迁移到染色剂上，并尝试使用天然材料进行扎染。我提出的开放性问题"有什么好办法可以让植物拓印更方便、更快呢"，是为了将这种个体经验推广到所有幼儿，并鼓励他们参与共同思考和后续的探索活动。

3. 分析思考

我们要提供一些有益的支持策略，以引导幼儿进行深入的探索和学习。

材料资源支持：为了支持孩子们的探索，我们可以提供各种类型的染色材料和扎染工具，让他们有更多的选择和尝试的机会。例如，提供不同颜色的染料、各种植物、绑扎工具等，让孩子们能够在实践中发现不同材料的特性和效果。

指导引导支持：在孩子们进行探索和实验的过程中，提供适时的指导和引导，帮助他们解决遇到的问题和困难。可以通过提出问题、引导思考、示范操作等方式，激发他们的思维和创造力，促进他们的学习和成长。

鼓励交流支持：鼓励孩子们分享自己的发现和体会，激发他们的分享欲望和表达能力。可以组织小组讨论、展示成果、互相交流等活动，让孩子们有机会展示自己的成果，同时能从他人那里学到更多的经验和知识。

实践机会支持：为了让孩子们有更多的实践机会，可以安排多样化的活动和任务，让他们能够在不同的情境下进行尝试和实践。如组织户外探索活动、参观工艺品店、邀请专业人士进行指导等，以丰富孩子们的学习体验，拓展他们的视野和思维。

以上支持措施可以帮助孩子们更好地解决问题，拓展知识面和提升能力，实现个性化的学习和发展。

4. 教师感悟

在此过程中，我们要充分考虑如何支持幼儿的问题解决能力、艺术创造力的提升，并维持探究意愿以及利用幼儿园环境资源等方面。

对幼儿问题的有效回应：不直接给出答案，而是通过引导和鼓励让幼儿自己思考和探索。这样的方式能够培养幼儿的独立思考和解决问题的能力，同时增强他们的自信心和学习动力。

支持幼儿对艺术的表现与创造：确保幼儿在艺术活动中有充分的自由度和表现空间，让他们发挥自己的想象力和创造力是非常重要的。同时要注重对幼儿作品的积极评价和鼓励，让他们感受到自己的努力和创造得到了认可和赞赏。

尝试新材料，引发幼儿持续性探究：不断地更新和创新材料可以激发幼儿的好奇心和探索欲望，促进他们的持续性学习和探究。在扎染活动中，尝试新的材料和工具可以让幼儿体验到不同的感觉和效果，以丰富他们的学习经验。

充分发挥幼儿园环境资源，因地制宜：利用幼儿园丰富的自然资源和环境特点，可以为幼儿提供更加丰富和多样化的学习体验。在扎染活动中，可以引导幼儿发现并利用周围的植物资源进行染色。这不仅能够增加他们的学习乐趣，还能够培养他们的环境意识和创新能力。

总的来说，我们需要继续保持这样的思考和实践，并将其真正落实到实际教学中，促进幼儿全面发展，从而提升教学质量。

（执教与设计：严嘉仪）

第四章

STEM+ 课堂

　　STEM+ 课堂作为 STEM+ 玩创活动中的第三个活动，以幼儿自主产生的、具有探索价值的主题内容为核心，配合多样的材料，通过精心设计的一系列主题活动，激发幼儿的思维能力，并提升其科学素质。这种创新的教育模式不仅限于课堂内部，还扩展到课外教师的教研活动，构建了一个不断调整、不断更新的教育课堂。在 STEM+ 课堂中，我们特别关注幼儿在参与主题活动时可能遇到的挑战，并为之提供有效的支持。我们坚信，通过集体智慧的积累，幼儿能在解决实际问题的过程中锻炼其思维能力，增强自我认识，进而实现全面成长。

我园积极落实并推广 STEM+ 教育及创客教育的先进理念，开展了 STEM+ 课堂教育活动。这是 STEM+ 玩创活动的重要组成部分。我们旨在通过跨学科教学，将多领域知识融入幼儿的日常课堂活动，为他们构建一个全面、互动且富有创新的学习环境。

我们的目标是激发幼儿的好奇心和探索欲，让他们通过体验和实践在乐趣中学习和成长。为此，我们设计了一系列课程和项目，包括简单的科学实验、技术应用、工程建构、数学游戏以及艺术创作，让幼儿在玩乐中学习，在学习中寻找乐趣。

为支撑 STEM+ 课堂的教学模式，我们的教室及户外学习空间配备了丰富的教学资源和材料。同时，我们的教师团队也在不断的专业成长中探索和学习，以更好地引导和鼓励幼儿参与 STEM+ 课堂的学习活动。

通过将 STEM+ 玩创活动融入幼儿的课堂教育，我们不仅为幼儿创造了多元化的学习环境，还助力他们养成批判性思维和创造能力，为未来的学习和生活打下坚实的基础。我们相信，这种教育模式能够激发幼儿对学习的热情，培育他们成为未来的创新者和问题解决者。

一、多维度投放材料，丰富课堂资源

为了更好地推进 STEM+ 课堂教育活动，我园在课堂及户外环境中投放了很多材料，且均为可循环利用的废旧物品，这体现了我们对环保和可持续发展的承诺。这些材料包括：生活类物品如盒子、牛奶盒、奶瓶、服装、包包、手机、食品罐、碗、锅、废报纸、帐篷、垫子等；建构类材料如各种大小的纸盒纸箱、饮料罐、不同形状的薯片桶、废旧木块、蛋托等；装扮类材料如小警服、手套、帽子、眼镜、蝴蝶翅膀、自制小乐器、头饰等。这些亲切、多样的材料激发了幼儿的创造欲，让他们在不断地摆弄和实验中探索无限可能。

（一）将单一投放与多元投放相结合

我们采取了单一投放与多元投放相结合的策略，以适应幼儿兴趣、认知和技能的发展，持续吸引和维持他们的学习兴趣。以户外游戏"吹泡泡"为例，我们从提供统一的吹泡泡器具开始，逐渐引入了更多样的工具和材料，如自制泡泡圈、铁丝、吸管和天然材料等，增加活动的多样性并激发创意思维。幼儿被鼓励尝试使用这些不同的工具制作各种大小和形状的泡泡，探索泡泡的形成条件和飞行轨迹。这一过程不仅提升了活动的适应性和探索性，更重要的是激发了幼儿的探索兴趣和创造能力。

这种教学策略的应用不限于吹泡泡游戏，而是贯穿于我园 STEM+ 课堂的每一个教育活动中。我们的目标是为幼儿提供一个充满探索乐趣的学习环境，激发他们对学习的热情和对世界的好奇心，以培养他们成为未来的创新者和解决问题的能手。

（二）从平面投放到层次投放的结合

在构建类游戏中，我们始终注重根据幼儿的兴趣和发展水平，精心选择和调整要用的材料。起初，我们提供简单的材料（如纸盒和纸箱），让幼儿根据自己的兴趣搭建房屋、车辆等简单结构。在这一阶段，通过自由探索和实验，幼儿体验了基础的建构乐趣，并锻炼了他们的动手能力和空间认知能力。

随着时间的推移，我们观察到幼儿在材料使用和创造需求上呈现出多样化的趋势。为满足不同水平和兴趣的幼儿，我们逐步引入了更为复杂的材料，如不同大小的垫板和带有不同齿轮的垫板。这些新材料的加入为幼儿的建构活动带来了更多的可能性和挑战，即鼓励他们进行更为复杂的立体拼接和创造。

通过引导能力较强的幼儿尝试使用这些新材料，我们不仅激发了他们的探索欲，也使他们在成功和挑战之间找到了平衡。这种层次性材料策略，确保每个幼儿在游戏中都能有所发现，有所成长。我们深刻意识到，持续更新和丰富材料，为幼儿提供不断的探索空间和挑战，比单一的成果展示更能提起他们的兴趣。

（三）从个体投放到群体投放的转化

幼儿在游戏中自然地将生活经验融入其中。我们经常投放一些从日常生活中收集来的材料，如布料、毯子、纱巾、塑料袋和碎布条等。这不仅为幼儿提供了游戏的多样性，也鼓励他们将自己的生活经验融入游戏。

这些灵活的材料能够根据游戏的不同情境转化为多种用途，如野餐垫、担架、舞台幕布、雨棚或新年彩带等，极大地拓展了幼儿游戏的想象空间和创造力。通过对初次投放材料的观察和实践，我们逐步改进以满足幼儿的需求，并保持材料投放的灵活性和多样性。

我们发现，这种从个体到群体投放材料的转化，不仅激发了幼儿参与游戏的热情，也使他们在游戏中表现得更加积极和活跃。通过这种游戏实践，幼儿不仅获得了丰富的生活经验，也促进了他们各方面能力的提升。这样的游戏策略，体现了我们幼儿园对支持幼儿全面发展的承诺，同时促进了幼儿园独特游戏文化的形成。

二、多角度教学研究，优化课堂内容

（一）逻辑明确的教研流程

为确保 STEM+ 课堂的有效实施，我园高度重视教师的教研活动。教研是提升教学质量和促进教师专业成长的关键。因此，我们特地设计了一套完整的教研流程，旨在深化 STEM+ 教育的实施效果，并促进教师团队的共同进步。

该教研流程分为四个阶段，每个阶段均设有独特的目标和方法。

准备阶段：在此阶段，教师团队共同确定教研的核心内容和目标，并开始收集必要的资源和资料。通过团队讨论，教师们确立研究的方向和重点，并搜集相关的教学资源、理论资料及前沿教育技术，为后续的探索和实验奠定坚实基础。

实施阶段：教师们进入自主探索和方法寻找的实施阶段。在此阶段，教师将理论与实践相结合，通过课堂试验和小组讨论等方式，探索最适合幼儿发展和学习的 STEM+ 教学策略和活动。

改进阶段：在实施阶段之后，教师们将根据前期实施的反馈和观察，识别存在的问题和不足，并通过创新思维及集体智慧，设计新的方法或活动来解决这些问题，以不断优化教学过程。

积累阶段：在这个阶段，教师们将有效的教学实践、成功的案例和宝贵的教学经验进行系统化和标准化梳理，形成可供全园教师共享和学习的教研成果，以实现全体教师的教学经验积累和提升。

通过这一教研流程，我们不仅提升了 STEM+ 课堂的教学质量，而且构建了一个鼓励教师持续学习、主动探索、勇于创新的专业发展环境。这种教研机制的建立，不仅为幼儿创造了一个更加丰富多彩、充满探索乐趣的学习环境，同时为教师的职业成长开辟了广阔的空间，从而共同推动了幼儿园教育教学的质量提升和创新发展。

（二）"问题"中心的教研方法

我园秉持"课题问题化，问题课题化"的教研方法，致力于将日常教学中遇到的挑战转化为深入研究的课题。这一过程着重于课题研究的核心——发现和解决问题，这与 STEM+ 课堂教学实践的实际需求紧密相连。我们的教师团队不断探索新的教学内容与方法，以 STEM+ 课堂实践活动为研究核心，挖掘教学中的"生长点"。这种教研过程不仅为教师提供了丰富的专业发展机会，也激励他们在 STEM+ 课堂实践中不断创新和拓展，以推动 STEM+ 课堂的动态发展，优化教学内容。

（三）教学和教研的有机融合

为了进一步优化课堂内容，我园深入开展了的教研活动。我们通过这一策略，深化教师对教学内容的理解，并创新教学方法，使 STEM+ 课堂变得更加生动和高效，更好地满足幼儿的实际需求和发展水平。我们意识到，传统的教学模式已不能满足当前幼儿教育的需求，尤其是在培养幼儿创新思维和解决问题能力方面。

在优化课堂内容的过程中，教师团队积极开展课题研究，将日常教学中遇到的具体问题转化为研究课题，运用科学的研究方法来探索解决策略。这一过程包括收集相关资料、设计实验、实施教学试验、观察分析教学效果以及及时调整教学策略。通过这种方式，我们不仅能够发现并解决教学中的问题，还能在实践中探索和总结更有效的教学方法和内容安排。

此外，教研活动还促进了教师间的交流与合作，共享教学资源和经验，形成了一种充满创新和探索精神的教育教学氛围。这种教育环境不仅提升了教师的专业技能，还为幼儿创造了一个更加丰富多元的学习环境，激发了他们主动学习的兴趣和主动探索的精神。

通过优化课堂内容的教研活动，我们不仅提高了教学质量，还促进了教师的专业发展，并且为幼儿提供了更优质、个性化的教育，为他们的全面发展奠定了坚实基础。这一系列活动体现了我园对教育质量的持续追求和对创新教育理念的积极响应。

STEM+ 课堂是我园的一个创新实践案例。我们致力于借助 STEM+ 课堂环境，点燃幼儿的好奇之火和探索的热情，引导他们在动手操作和实际体验的过程中获得知识和成长，让 STEM+ 的教育理念真正在幼儿课堂中落地开花。为了达成这项目标，我们精心设计了丰富多彩的课程和活动项目，确保在轻松愉快的氛围中实现教与学的完美结合。我们的课程内容广泛，从基础科学实验到实际技术应用，从工程设计构思到数学趣味游戏，全方位满足幼儿在探索世界时的多样化需求。

一、3—4 岁幼儿 STEM+ 课堂教学设计

案例一： 水到哪里去了

1. 设计思路

（1）学情分析

① 基于幼儿的经验与兴趣：水作为自然界中常见的物质，几乎天天伴随着幼儿的生活，如洗手、洗脸、漱口等日常活动。《3—6 岁儿童学习与发展指南》强调，幼儿的科学探究应从其日常生活中的事物出发，激发幼儿对周遭环境和生活中常见事物的关注，进而发现生活中的趣味和奇妙。因此，选择幼儿熟悉的"水"作为科学活动的媒介，能更有效地吸引幼儿的注意力，激发他们对科学的兴趣和爱好。

② 基于主题的实施与推进：在"有趣的水"这一小班主题活动中，我们组织了一次以"水流向何方"为主题的科学探究活动。活动以寓教于乐的方式贯穿始终，

并激励幼儿提出疑问。在活动的第一个环节中，教师通过"魔术表演"，引导幼儿观察"水消失"的现象，并鼓励他们思考如下问题，如："水去了哪里？""水怎么会消失？""水真的不见了吗？"孩子们带着这些问题和发现进入活动的第二个环节。在猜测、实践、讨论的过程中，他们探索了毛巾的吸水性，并在第二次实践中将此与日常生活联系起来，继续探讨和发现其他具有吸水性的材料。

（2）教材分析

① 关于操作材料的思考：本活动选取了幼儿生活中极为常见且亲切的"水"作为主要探究对象，并利用餐巾纸、雪花片、弹珠、海绵等孩子们周围熟悉的物品作为操作材料，组织孩子们进行了三次类似魔术的实验。在这一系列探究活动中，幼儿通过观察和操作感知到了不同材料的吸水特性，并探索了"水消失"背后的奥秘。这一过程不仅极大地丰富了幼儿的体验，还培养了他们仔细观察日常现象并积极探求其原因的探究习惯。

② 关于活动价值的思考：从情感态度方面看，此次活动让幼儿深入体验探索未知的快乐，并激发了他们观察日常生活现象、主动探究其背后原因的积极性。在方法技能的习得上，幼儿通过观察与实操感知了不同材料的特性，理解了"水消失"的神奇现象，并探究了其背后的科学原理。就能力培养而言，此次活动提升了幼儿在观察、操作过程中的细致观察能力和问题解决能力，也鼓励了幼儿学会分享自己的探索成果和心得。

2. 教学设计

活动目标：通过观察和实践，让幼儿感知不同材料的吸水性，并乐于分享自己的发现。在游戏情景中，体验"水消失"的奇妙过程。

活动重点与难点：感知并理解不同材料的吸水性。

活动准备：若干茶杯、干毛巾、餐巾纸、纱布、塑料纸、雪花片、弹珠、海绵以及水等，这些物品应放置在活动场景中。

经验准备：幼儿有玩水的经历，有一定的好奇心。

活动过程：

激发兴趣阶段——"水不见了"

教师将水倒在手上（手中暗藏小毛巾）。

幼儿观察并猜测：水到哪里去了？为什么水会不见？

小结过渡：难道是毛巾吸走了水吗？让我们一起来探索水消失的秘密。

初步探索阶段——"水到哪里去了"

每个幼儿拿一条毛巾和一小杯水，尝试重复教师的操作，探索毛巾是否真的具有吸水性。

教师巡回观察，引导幼儿自主探索。

小结：确认毛巾确实具有吸水能力，解释了水消失的原因。

进一步探索阶段——"水还在吗"

提出问题："所有东西都能吸水吗？"

提供多种材料，让幼儿尝试将它们放入装有水的容器中，观察哪些材料具有吸水性。

幼儿进行第二次实践，教师巡回指导。

交流讨论：哪些材料能吸水？哪些不能？生活中有哪些使用到这些吸水材料的场景？

小结：强调餐巾纸、纱布、海绵等材料的吸水能力，并讨论其在日常生活中的应用。

延伸活动——"吸水小帮手"

通过观看视频，让幼儿了解吸水材料在日常生活中的实际应用，如用小毛巾擦拭汗水，用拖把清理溢出的水等，将科学探究与实际生活相结合。

此活动设计旨在通过互动和实践，让幼儿在探索中学习科学知识，培养观察和问题解决能力，同时将科学知识与日常生活紧密联系起来。

3. **教学反思**

活动的主要亮点：

本次活动充分考虑到小班幼儿的年龄特征，设计了既有趣味性又富有挑战性的活动内容，创造了紧张、刺激的活动氛围，深受幼儿喜爱。

教学过程中，教师积极倾听幼儿的发言，并给予及时的反馈，鼓励幼儿提出问题，并引导他们主动探索，激发了幼儿的探索欲望。例如，在活动初期，教师鼓励幼儿通过使用毛巾和水进行实验，体验"水不见了"的奇妙现象，为后续活动的展开奠定了基础。在随后的环节中，通过引导幼儿探索不同材料的吸水性，教师不仅肯定了幼儿的答案，还抓住教育契机进行小结，让幼儿感受到科学就在身边。

实际教学与预设之间的调整：

在思考如何最大化利用视频资料，并更好地帮助幼儿理解"生活中的吸水材料"这一概念后，我们对原视频内容做了适当的调整：删除了视频开头的一些图片内容（如棉花、布、拖把等）；保留了视频中展示使用拖把拖地、用小毛巾擦拭桌面上溢出的牛奶等情景的部分；新增了水倒入泥土的场景，并采用慢速播放效果，以便幼儿能更清晰、直观地观察。

实践证明，经过调整的视频更加贴近幼儿的实际生活经验，不仅增强了视觉效果，也使幼儿对生活中吸水材料的理解更加深入，从而提高了课件的有效性。

问题与改进：

活动的第一个环节在实施过程中应更加紧凑，以避免因环节拖延导致活动超时。在后面的活动设计中，可以通过更精确的时间控制和环节过渡来优化活动流程，以确保活动的顺畅进行，同时保持幼儿的参与兴趣和活动效率。

案例二：神奇的光

1. 设计思路

（1）学情分析

基于幼儿的经验与兴趣：根据《3—6岁儿童学习发展指南》，3至4岁的幼儿天生对大自然及其现象充满好奇，尤其是对各种发光物体，如阳光、月光、彩灯和发光玩具等，他们总是显示出极大的兴趣，愿意去触摸、玩耍和尝试。

基于主题的实施与推进：本次活动围绕"白天与黑夜"这一主题展开，并突出"不怕黑夜"这一主题站点。通过让孩子寻找、玩耍、观察等互动环节，鼓励他们勇于动手操作，进行初步的探究式学习，旨在培养他们尊重科学、勇于探索的科学素养，并激发他们对周围简单科学现象的探究兴趣。

（2）教材分析

对操作素材的思考，活动中使用的主要材料包括手电筒和彩色塑料片。考虑孩子们的兴趣和小班幼儿的年龄特点，活动选用了简单、常见且易于操作的材料，以便让孩子们在实践中感受光的神奇魅力。

对活动价值的思考：

情感态度层面，活动主要通过互动游戏让幼儿体验光的奇妙和美丽，以及在探索中体会游戏的乐趣。

方法习得层面，通过亲身操作和体验，幼儿将更深刻地感受到手电筒发出的光，并意识到手电筒发光具有照明作用，同时了解到光通过彩色玻璃片时颜色会发生变化的现象。

能力发展层面，通过在暗室中使用手电筒的游戏，幼儿的探究兴趣将得到进一步的激发，从而促进他们对光学现象的深入了解和探索。

总体而言，本次活动设计紧密结合幼儿的年龄特征和兴趣爱好，通过亲身体验和操作，培养幼儿的科学探索精神和创新能力；同时通过简单的科学实验，引导幼儿对自然现象产生兴趣和好奇心，为他们的全面发展奠定良好的基础。

2. **教学设计**

活动目标：通过互动玩耍和交流，让幼儿体验并感受光的神奇和变化。

活动重点与难点：

教学重点：让幼儿感受光的神奇和变化。

教学难点：鼓励幼儿大胆表达自己对光的观察和发现。

活动准备：

物质准备：手电筒、盒子、彩色玻璃、课件。

经验准备：幼儿之前有玩过手电筒的经历。

活动过程：

找一找——感知光的照明作用。

操作要求：在一个模拟黑屋的环境中，幼儿使用手电筒寻找隐藏的动物玩偶。

关键提问：我们如何才能在黑暗中找到动物朋友呢？你找到了哪些动物？

小结：通过这个环节，幼儿感受到手电筒发光的照明作用，了解到光能帮助我们在黑暗中发现周围的物体。

玩一玩——探索彩色光的秘密。

操作要求：每个幼儿拿一个手电筒，先体验手电筒的光，然后选择不同颜色的透明玻璃片置于手电筒前，探索光通过彩色玻璃片后颜色变化的现象。

关键提问：当手电筒的光通过彩色玻璃时，光的颜色为何会发生变化？

小结：让幼儿理解光通过不同颜色的透明媒介时会展现不同的颜色，感受光的颜色变化的神奇。

看一看——感受光的神奇和美妙。

通过欣赏相关的微视频，让幼儿观察和感受城市中的霓虹灯光如何增添夜晚的美丽和温馨。

关键提问：你在哪些地方见过彩色的光？那些光是如何变化的？

小结：引导幼儿分享他们对光的观察，帮助他们认识到光不仅有实用的照明功能，还能为我们的生活增添美丽和趣味。

通过这一系列活动，幼儿不仅能够体验和探索光的特性，还能从中学习光的基本知识，同时大胆表达自己的观察和发现，培养探究精神和科学态度。

3. 教学反思

活动的主要亮点：

本次活动充分考虑了小班幼儿的年龄特点，设计了有趣、好玩且适宜的活动，使之既容易操作又能引起幼儿的浓厚兴趣，激发他们的好奇心。活动中的材料和游戏方式不仅使幼儿发现了光的神奇和变化，还加入了一定的挑战性，如为小猪佩奇打灯光等环节，极大地提高了活动的趣味性和互动性，让幼儿在玩耍中学习，通过探索获得快乐和成功的体验。

在课件的运用上，通过适时适度地加入支持活动的内容，如生活中熟悉的灯光、大家都知道的建筑灯光的视频，可丰富幼儿的感官体验，使他们在欣赏中进一步感受到光的魅力。

实际教学与预设之间的调整：

在活动实施过程中，教师可以更多地鼓励幼儿大胆用语言表达自己的观察和想法、拓宽幼儿的发言范围，为他们提供更多的互动和表达机会，以促进幼儿语言能力和社交能力的发展。

问题与改进：

在教学工具的选择上，可以考虑引入更多种类的照明工具，以丰富幼儿的学习体验。除了手电筒，还可以展示或讨论使用蜡烛、台灯、荧光棒等不同的光源，甚至引导幼儿想象在没有手电筒的情况下，哪些工具可以用来照亮黑暗的环境。这样不仅能增加活动的多样性，还能激发幼儿的想象力和创造力，促进他们对光源使用和功能有更深入的理解。

二、4—5 岁幼儿 STEM+ 课堂教学设计

案例一： 汽车开起来

1. 设计思路

（1）学情分析

基于幼儿的经验与兴趣：磁铁是幼儿生活中常见的物体，具有神奇的特性并蕴含丰富的科学原理。一些简单的科学道理可以通过幼儿的直接操作和探索来发现。本次活动通过引入磁铁小车，让幼儿在游戏中验证磁体的科学原理，激发他们的探索兴趣。

基于主题的实施与推进：尽管大多数幼儿都有过玩磁铁的经验，但他们往往忽略了磁铁的两极性质。本次活动通过"磁铁小汽车"，探索磁铁具有的"同性相斥，异性相吸"特性，以深化幼儿对磁铁特性的理解。

（2）教材分析

对操作素材的思考：活动中提供的磁铁小车和磁铁，是具有高探索性的材料。幼儿可以通过使用磁铁驱动小车的移动，包括使小车前进、后退等。这些操作不仅有趣，还能帮助幼儿理解磁铁的基本性质。

第一个环节：通过分享幼儿的磁铁经验，激发他们对磁铁探索的兴趣。

第二个环节：在"汽车开起来"的游戏中，幼儿通过操作实验，发现磁铁"同极相斥，异极相吸"的特性。

第三个环节：在游戏的基础上，进一步激发幼儿对磁铁探索的兴趣，鼓励他们进行更多的实验和探索活动。

2. 教学设计

活动目标：

在"汽车开起来"的游戏情境中，让幼儿感知并了解磁铁的特性，激发他们对磁铁进一步探究的兴趣。

鼓励幼儿探索，并能大胆地介绍自己的探索过程。

活动重点与难点：

理解并感知磁铁具有的"同极相斥，异极相吸"特性。

活动准备：

前期经验：了解磁铁。

其他准备：磁铁小车、条形磁铁。

活动过程：

（1）谁的汽车开得远

通过游戏引发对磁铁的兴趣。幼儿尝试让小车移动，并探讨为什么有些小车会停止移动。他们讨论后发现，是磁铁的作用导致小车无法移动。

（2）谁让汽车开起来

在"汽车开起来"的游戏中，通过实验和操作让幼儿感知磁铁有两极，同极相斥，异极相吸。引导幼儿观察磁铁的颜色以及实验现象，从而理解磁铁的相互作用原理。

寻找磁铁的"颜色"，通过贴纸标记来帮助幼儿区分磁铁的不同极性。

（3）两辆小车开起来

通过增加小车数量和不同磁铁的使用，让幼儿进一步体验磁铁的"同极相斥，异极相吸"的原理。幼儿尝试使用磁铁让两辆小车同时移动，以进一步加深对磁铁特性的理解和体验。

3. 教学反思

（1）活动的主要亮点

幼儿对投放的材料表现出极高的兴趣，并在与材料的互动过程中发现了磁铁的一些秘密。例如，他们不仅尝试了同时启动多辆车，还利用了磁铁的排斥作用使小车转动。这些探索方法甚至超出了教师的预期。在此过程中，幼儿的观察能力和操作能力均有所提升。

活动的设计具有深远的教育意义。尽管磁铁对孩子们而言是常见的物品，但借助游戏方式探索磁铁的机会却相对较少。通过使用磁铁小车进行探索，孩子们能够快速地揭示磁铁的奥秘。

（2）实际教学与预设之间的调整

在活动的第一个环节中，教师的引导略显超前，期望幼儿能通过简单的操作即刻理解磁铁极性"同极相斥，异极相吸"的原理。这一预期与实际情况有所出入。因此教师为幼儿提供了更多的探索时间，让他们在实践中自行发现这一原理。

活动的最后一个环节要求幼儿操作两辆小车同时移动。但一些孩子因过于兴奋而忽视了具体要求，结果导致多辆小车同时运动，与活动目标有所偏差。

（3）问题与改进

教师应当为幼儿提供更多的自主探索机会，让他们在实践中分享各自的发现；不宜急于讲解科学原理，而应在幼儿有所发现后进行总结和梳理；对于活动的难点，不应简单地定位在同时操作两辆小车上，而应更深入地探讨如何通过小车的运动来识别磁铁的两极。这样的设置更贴近幼儿的操作实践，有助于他们更深层次地理解磁铁的特性。

案例二： 车轮滚滚

1. 设计思路

（1）学情分析

基于幼儿的经验与兴趣：

考虑中班幼儿具有具体形象的思维特点和逐渐增强的事物理解能力，本活动巧妙地利用了材料，从轮子的自由滚动到借助小棒让其稳定滚动，再到探索牛奶盒制作的车辆装配，不断引发幼儿对车轮滚动现象的思考。通过实验、比较、判断等方法，引发幼儿间的认知冲突，促使他们产生新的经验来解决问题，享受动手实验和分享新发现的乐趣，从而推进幼儿的自主探究过程。

基于主题的实施与推进：

在主题"我在马路边"的背景下，此次科学探究活动为幼儿提供了自主探索的平台。幼儿在装配车轴的过程中，可以结合自己的生活经验，初步理解车轴与车辆平稳行驶的关系，从而发展观察和动手能力。此外，活动中还为幼儿提供了充分的交流机会，让他们根据遇到的问题进行调试，培养解决问题的初步能力。

（2）教材分析

对操作素材的思考：

本次活动提供的主要材料为牛奶盒和泡沫制作的轮子。考虑中班幼儿的年龄特点，轮胎的固定点已事先准备好，以便幼儿自主探索车轴的安装方法和如何使两个车轮同时稳定滚动的方法。最终，幼儿将自主探索车轴的安装位置，以发现车轴安装位置不同对车辆行驶效果的影响。

对活动价值的思考：

在情感态度上，活动旨在让幼儿在操作体验中感受使小车成功行驶的喜悦。

在方法习得上，幼儿将通过动手装配和调整车轴位置，来感知车轴与车辆运动的关系。

在能力发展上，幼儿将在自主探索和操作中，根据遇到的问题进行调试并找到解决方案。

2. 教学设计

活动目标：

积极尝试装配车轴，初步感知车轴与小车稳定行驶的关系。

能够根据遇到的问题进行调试，具备初步的问题解决能力。

活动重点与难点：

教学重点：培养幼儿对车轮滚动现象的兴趣和探究愿望。

教学难点：通过装配和调整车轴位置，使幼儿感知车轴与小车稳定行驶的关系。

物质准备：创设马路场景、塑块剪制的车轮、木头车轴、牛奶纸盒制作的牛奶车、背景音乐等。

经验准备：幼儿有玩过小汽车的经历，了解汽车的基本构造。

活动过程：

（1）玩车轮——观察车轮滚动

通过观察，引导幼儿感到车轮滚动的时间和经过的距离较短。询问幼儿在此前玩轮胎的感受，探讨轮胎和汽车车轮的相似之处，并通过实际操作，观察车轮的滚动效果。

小结：车轮虽能滚动，但滚动时间短，经过距离短，最终会停止并倒下。

（2）装车轴——感知车轴使两个车轮一起滚动的方法

通过自主探索，幼儿尝试使用小棒（车轴）使两个车轮稳定滚动。分组让幼儿操作，尝试各种小棒和车轮组合，并推动车轮以观察效果。

小结：将小棒安装在两个车轮中间，可以使车轮一起稳定向前滚动，即使停下来也不会倒下。这根小棒被称为"车轴"。

（3）装配汽车——探索车轴安装位置与车辆行驶效果的关系

通过自主探索，幼儿尝试在牛奶车上装配车轴和车轮，探索不同车轴安装位置对车辆行驶效果的影响。

小结：四个轮子的稳定滚动不仅需要车轴，还需要将车轴安装在适当的位置，以保证汽车的稳定行驶。

3. 教学反思

（1）活动的主要亮点

幼儿参与活动的热情高涨，积极参与每个环节，并表现出良好的观察能力、操作能力、探究意识和解决问题的能力。这说明这些能力在活动中得到了显著提升。

活动内容紧扣中班"交通工具"主题的核心价值，通过三个环节的逐步深入，有效推进了活动目标的实现。

教师在活动过程中能够关注每一个幼儿，及时对个别幼儿的表现给予指导。

（2）实际教学与预设之间的调整

在活动的第三个环节，原计划由幼儿交流分享，但在实际过程中教师的发言较多。应更多地鼓励幼儿表达，让他们主动发现和解决问题。

在材料准备时，牛奶车的轮胎位置较近，在实际操作中发现轮胎间的距离可以适当增加，以避免轮胎之间的相互干扰。

（3）问题与改进

在活动的第二个环节中，应允许幼儿在更广阔的空间进行操作，如在地面上滚动轮胎，以便幼儿更直观地理解一个轮子与两个轮子（加车轴）的滚动距离之差。同时，"四人一桌"的任务设置可以灵活调整，不必过分限制。

在活动的第三个环节中，应鼓励幼儿主动分享他们的发现和问题，而非教师主导讨论。可以引导幼儿就遇到的问题进行总结和归纳，例如车轴过高导致轮胎无法接触地面；轮胎安装过紧或离车身过近（影响车轮的正常转动）等，以促进幼儿对问题的深入理解和其解决能力的提升。

三、5—6 岁幼儿 STEM+ 课堂教学设计

案例一： 风车转转转

1. 设计思路

（1）学情分析

基于幼儿的经验与兴趣：

大班幼儿对探究活动表现出浓厚的兴趣，具备简单的合作经验。他们乐于探索世界，对生活中的事物（如风车）充满好奇。本次活动旨在引导幼儿通过合作、讨论和动手实践探索风车转动的原理，激发幼儿与材料互动，使他们对风车的运作有初步的了解，并在科学探究中体验合作的乐趣。

基于主题的实施与推进：

在"春夏秋冬"主题背景下，此次 STEM+ 科学探究活动通过动手操作探索风车转动的方法，鼓励幼儿大胆分享自己的发现，体验合作解决问题的成功与快乐。活

动分为发现问题、探索解决方法、了解风车应用等环节，逐步推进幼儿对风车的探究兴趣。

（2）教材分析

对操作素材的思考：

提供了幼儿生活中常见的材料，如手工纸、铅笔、回形针等，供幼儿探索风车转动的秘密。结合大班幼儿的特点，活动中运用工程五步法的主要步骤，通过合作讨论和可视化计划，引导幼儿逐步解决风车转动问题，同时初步了解风车在生活中的应用。

对活动价值的思考：

在情感态度方面，活动通过合作探究，使幼儿在实践中对风车的运作有初步了解，并享受科学探究的乐趣。

在方法习得方面，活动通过动手操作和问题解决，引导幼儿探索风车转动的方法，培养他们的科学探究能力。

在能力发展方面，幼儿在合作探究中自主解决问题，体验成功的喜悦，促进个人能力的提升。

2. 教学设计

活动目标：

在与同伴合作、讨论、计划及实践操作过程中，探索让风车转动的方法。

体验与同伴合作解决问题，享受成功带来的快乐。

活动重点与难点：

通过合作、讨论、计划和实践操作，探索使风车转动的方法。

活动准备：

材料准备：手工纸、铅笔、回形针、工字钉、牙签、扭扭棒、剪刀、双面胶、胶水、吸管、大头针、记录纸、笔、课件等。

经验准备：幼儿在个别化活动中已初步尝试折制风车。

活动过程：

（1）分享交流提出问题

目的：交流班内制作风车过程中遇到的问题。

活动：展示幼儿制作的风车，引导他们发现问题并提出疑问，探讨为何风车不能转动，并鼓励他们提出解决方案。

过渡：明确今天的任务是探索让风车转动的方法。

（2）探索操作解决问题

目的：通过工程五步法的主要步骤，合作讨论、计划并实践，逐步解决风车不能转动的问题。

活动：介绍可使用的材料，提醒幼儿注意安全。引导幼儿与伙伴一起制定解决方案，实践并记录发现，最后与全班分享。

关键提问：询问幼儿在制订计划过程中采用的方法，以及是否有其他可能的解决方案。

小结：根据幼儿的分享进行总结，提升活动成果。

（3）欣赏感受拓展经验

目的：让幼儿初步了解风车在生活中的应用，激发他们对风车进一步探究的兴趣。

活动：让幼儿讨论在生活中见过的风车，展示不同功能的风车，并让幼儿观察和感受。提供时间让幼儿调整自己的风车，讨论风车的转动情况及可能的改进措施。

延伸：引导幼儿思考如何优化风车的设计，使其转动更加顺畅。

3. 教学反思

（1）活动的主要亮点

在整个活动中，孩子们表现出显著的观察能力、操作能力、探究意识和解决问题的能力，尤其在实践操作时的合作能力，他们能够进行商议、规划并记录下来。

孩子们在探索操作过程中表现出的毅力值得赞扬。他们在反复调整中不断发现并解决问题，展现了极高的投入度和专注力。

在活动中，孩子们的语言表达能力得到了充分体现。他们愿意、能够完整且自信地表达自己的想法和发现，这反映了大班幼儿良好的学习品质。

（2）实际教学与预设之间的调整

在活动的第二个环节中，虽然预设孩子们应先协商制订计划再操作，但在实际过程中部分幼儿因过于急切而显得手忙脚乱。因此，教师在幼儿开始操作前应明确

说明活动要求，确保幼儿理解后再开始操作。

关于材料使用，特别是涉及安全的如大头针等尖锐物品，教师应在活动前强调安全注意事项，指导幼儿如何安全使用这些材料，避免意外发生。

（3）问题与改进

关注师幼互动的有效性：在活动过程中，教师对幼儿表现的回应机制需要进一步改进。虽然教师注意到幼儿的一些积极表现，但未能及时给其肯定和鼓励。未来应更加关注幼儿的现场表现，并给予积极有效的反馈。

关注活动难点的凸显性：尽管大多数幼儿能通过实践发现并解决风车转动的问题，但教师仍需要深入关注并帮助解决风车转动的技术性和科学性问题，如不同材料在相同风力下的表现、同种材料在不同风力条件下的转动效果等，以提升活动的科学探究价值。

案例二：火箭飞上天

1. 设计思路

（1）学情分析

基于幼儿的经验与兴趣：

本次活动围绕"空气"和"力"的概念展开，旨在通过具体的操作体验，引导幼儿感受挤压瓶子产生的力，并探索如何让火箭飞升。通过细致的观察和比较，幼儿能够发现力的大小与火箭飞行高度之间的关系，从而积累科学探究的经验，并激发进一步的探究兴趣。

基于主题的实施与推进：

结合 STEM+ 项目化活动"宇宙大揭秘"中的"火箭飞上天"主题，本次活动旨在满足幼儿对火箭探究的浓厚兴趣。通过结合低结构活动（个别化学习）和高结构活动（集体教学），设计了这一科学探究活动，以满足幼儿继续探究的需求。

（2）教材分析

对操作素材的思考：

在活动材料的选择上，从幼儿的学习特点出发，精心挑选了瓶子、制作火箭的材料以及可设置不同高度的发射台。这样的设计旨在减少无关变量的干扰，便于幼儿观察和比较时聚焦探究空气和力的科学核心知识。

对活动价值的思考：

在情感态度上，活动旨在让幼儿在操作体验时感受让火箭成功飞升的喜悦。

在方法习得上，通过两次不同条件下的实验，引导幼儿与瓶子和纸火箭充分互动；同时通过交流分享环节，帮助幼儿初步理解力的大小与火箭飞行高度之间的关系。

在能力发展上，鼓励幼儿在自主探索和操作过程中，面对出现的问题进行调试并找到解决方法。

2. 教学设计

活动目标：

通过实践活动，感受力的大小与火箭上升高度之间的关系。

运用观察、比较等方法进行实验，并乐于分享自己的发现。

活动重点与难点：

教学重点：利用实验方法探索力的大小与火箭上升高度之间的关系。

教学难点：引导幼儿理解并运用观察、比较等方法进行科学探究。

活动准备：

物质准备：不同类型的瓶子（有盖子或无盖子、有洞或无洞），发射台，自制火箭。

经验准备：幼儿有制作纸火箭和让纸火箭动起来的经验。

活动过程：

（1）火箭动起来——前期活动的回忆与经验的交流

通过回顾前期活动经验，分享不同方法让纸火箭动起来的方式，激发幼儿的探究兴趣。

讨论如何不通过直接接触使纸火箭动起来，以引导幼儿思考力的作用。

（2）火箭飞起来——初步感受力的大小和火箭飞的高低有关

第一次探索操作：通过实验，比较无盖和有盖瓶子对纸火箭飞行高度的不同影响，引导幼儿观察并分享实验结果，理解出气口对火箭飞行的重要性。

第二次探索操作：探索有洞和无洞瓶子（均无盖）对纸火箭飞行高度的不同影响，比较不同出气口数量对结果的影响，引导幼儿交流分享。

第三次探索操作：鼓励幼儿探索让火箭飞得更高的方法，通过比较相同条件下不同力度的挤压对火箭飞行高度的影响，加深对力量大小与火箭飞行高度关系的理解。

（3）延伸——进一步萌发探索兴趣

引入更大的瓶子作为新的探索对象，让幼儿猜测使用大瓶子是否能让纸火箭飞得更高，从而为后续的探索活动奠定基础。

3. 教学反思

（1）活动的主要亮点

教师在活动中积极地回应幼儿，通过充分的尊重、肯定和鼓励，为幼儿创造了一个充满自信和愉悦的学习环境，有效激发了幼儿的探索欲望。

活动环节的设计考虑了幼儿的认知发展特点，从简单到复杂、由浅入深地设计实验操作，使幼儿能够逐步深入探索火箭飞升的原理。

教师能够关注每一个幼儿的表现，及时发现并给予个别幼儿针对性的指导，确保每个幼儿都能在活动中有所收获。

（2）实际教学与预设之间的调整

在教具设计和准备阶段，根据试教情况对雪碧瓶的设计进行调整：由最初的大小瓶差异更改为出气口数量的差异。这一改变使幼儿在实验操作过程中更容易观察和发现火箭飞升的原理。

（3）问题与改进

在比赛环节，为了更好地发展幼儿的观察比较能力，建议进行一对一的比赛演示，这样的设置更便于幼儿观察对比，从而更清晰地发现力的大小与火箭发射飞升高低之间的关系。

第五章

小梦童科探活动

　　小梦童科探活动，作为 STEM+ 玩创活动的第四个活动，分为两个核心部分：小梦童科探园和小梦童科技节。小梦童科探园致力于通过由创新精神驱动的科技探索活动激发幼儿的好奇心和求知欲，由多样化的探索活动培养幼儿的科学兴趣和探究精神。小梦童科技节，亦称小叶创客科技节，是一项以幼儿园为单位举办的综合性活动。它通过整合各类资源，如环境布置、现场实践、创意科学项目，使幼儿在家园互学的环境中关注身边的科学，培养其初步的探究能力。小梦童科技节通过富有创新精神的科技探索活动形式激发幼儿的好奇心和求知欲，培养幼儿的科学兴趣和探究精神。

我园在 STEM+ 玩创活动体系中推出小梦童科探活动，标志着我园在融合 STEM 教育、创客教育与幼儿园科技课程等方面迈出了重要步伐，展现了我园致力于提供更全面和综合的幼儿教育所付出的努力。这样的融合不仅遵循了《幼儿园教育指导纲要（试行）》中对科学领域的具体要求，而且与 STEM 教育和创客教育的核心目标和特点紧密相连，旨在丰富我园的科技课程内容，进一步激发幼儿的探索本能和创新潜能，为他们的全面发展奠定坚实基础。

一、从小梦童科探园启航，开启科学探索旅程

在小梦童科探活动中，我们带领幼儿开始一场充满奇妙的科学探索之旅。这趟旅程不仅是一场学习和发现之旅，更是一场激发幼儿内心深处的好奇心和探索欲之旅。我们精心设计了各类探索活动，以师幼互动的形式，共同营造一个瑰丽神奇、充满梦幻色彩的科学探索园地。

在小梦童科探园中，幼儿将接触丰富多彩的科学知识，探究自然界中的奇妙现象。我们鼓励幼儿通过操作、观察和实验培养观察力和思考力，同时强调团队合作的重要性。这些经验不仅为幼儿提供了学习和成长的机会，还在他们心中种下了探索科学的种子。

在小梦童科探园的每一步，都是幼儿自我发现和成长的旅程。我们引导幼儿探究科学的奥秘和自然的规律，让他们在探索的过程中感受到科学的魅力。这个探索园地将不只是学习的场所，它更是充满惊喜和挑战的探索领地。幼儿会在这里通过

实践探索和观察，获得丰富的科学知识，了解自然界的奥秘，培养科学探索精神。

（一）利用材料，调动幼儿参与活动主动性

幼儿年龄的特点决定了他们对世界的认识是感性、具体、形象的，思维常常需要动作的辅助。他们的认知发展在很大程度上依赖于对物体的操作。这一特性指向了一种教育方法：通过直接与各式各样的材料互动，让幼儿探索和学习，从而促进他们的认知发展。

我园将这一理念贯彻于小梦童科探园里科学探索活动的每一个环节。我们相信，通过体验和实践，幼儿能够更深刻地理解科学知识，并激发他们探索世界的浓厚兴趣。

因此，我们为幼儿提供了丰富多样的操作材料，并设计了各种开放、探索性的活动。在这些科学探索活动中，幼儿可以根据多种可操作、有趣的材料进行探索。通过与各种材料的互动，幼儿直接感受自己所做动作的结果。这种直接的反馈机制不仅有助于他们理解世界的运作规律，还能激发他们继续探索的动力。

（二）积极引导，鼓励幼儿进行实验验证

在幼儿教育中，教师扮演着综合性的角色。他们不仅是知识的传授者，更是幼儿学习的促进者、合作者和引导者。因此，当幼儿对某种现象或事物产生好奇心，提出自己的猜想或假说时，教师需要灵活运用各种教育策略，提供启发式的情境，并鼓励幼儿在实验中验证自己的猜想。同时，教师应注重观察幼儿的兴趣和需求，根据他们的个体差异，精心设计教学情境，引导幼儿主动参与学习。

作为幼儿教育的引导者，教师应成为幼儿的倾听者。在科探活动进行时，尊重幼儿的想法，引导幼儿对自己的想法进行实验验证，并提供支持与指导。通过与幼儿密切合作，教师能够建立良好的师生关系，激发幼儿的学习热情，推动他们不断进步和成长。在这个过程中，教师的角色不仅仅是传授知识，更重要的是激发幼儿的学习兴趣和动力，引导他们积极地探索科学世界和学习科学知识。

二、策划校园科技节盛会，放飞科学探索梦想

我园高度重视通过组织大型活动来促进幼儿的社交能力和见识的增长，尤其注

重科学教育领域的活动内容。科技节是我们精心设计的一项重要活动。作为小梦童科探活动的一个重要组成部分，其旨在激发幼儿的探究能力和创新精神，使他们接触并了解更多科学知识，同时在一定程度上提升他们的社交能力和见识。

（一）家园联合，共促盛会

在举办校园科技节时，我园积极鼓励家长的参与。家长的积极参与不仅能增强幼儿的参与积极性，还能促进家庭与幼儿园的紧密合作，共同为幼儿的成长和发展提供支持。

例如，在以"大家一起玩科学，科技创新达人赛"为主题的科技节中，我们鼓励家长与孩子一起探索科学世界，共同参与小发明设计和制作。家长不仅是孩子的引导者，更是他们的合作伙伴和榜样。在这场科技节盛会中，200件亲子作品在园内大厅展出，展示了家长与孩子共同努力的成果。家长在孩子的科技创新之路上扮演了重要的支持和鼓励角色，为孩子们构建了探索科学的平台。

通过科技节的活动，幼儿在实践中探索科技的奥秘，提升了动手操作和创新设计能力，同时增强了自信心和社交能力。科技节活动的一个亮点是展示环节，幼儿将自己的作品在台上展示给同伴和家长。这不仅丰富了幼儿的学习生活，而且为他们提供了展示自我、勇于探索和创新的舞台。此外，活动加强了幼儿与家长之间的互动和合作，共同促进了幼儿综合能力的提升。

（二）四项原则，确立主题

确立主题是小梦童科技节实践活动设计与实施中的关键任务，且确定活动主题则是其中至关重要的一环。在确定主题时，我们深入研究幼儿关心的内容、他们的兴趣点，以及活动中能贯彻科学精神之处。这些设计前的深思熟虑对主题的确立提出了高标准。同时，一个创新的主题能充分展现教师的智慧和反映幼儿的兴趣。对此，我园在确立主题时提出了四项原则：

第一，立足于价值，确保主题与我园的教育理念和价值观相契合。以第三届科技节的主题"向着梦想奔跑"为例，该主题鼓励幼儿享受科学实验带来的乐趣，激励他们追寻和实现梦想，用一百个梦想创造出一百个与众不同的世界。这与园所的教育理念相吻合，强调培养幼儿的探索精神和创造力，同时鼓励他们积极追求自己的梦想。

第二，源于生活，选择与幼儿实际生活紧密相关的主题，以激发他们的兴趣和好奇心。

第三，注重体验，确保主题活动具有操作性和足够的可行性，并能够扩展幼儿的自主学习空间。通过设计丰富多彩的科技实验和创新活动，让幼儿主动参与，体验科学的乐趣和奇妙，同时激发他们的想象力和创造力。这种体验不仅增加了幼儿的学习兴趣，还培养了他们动手解决问题的能力。

第四，融入特色，充分考虑我园的实际情况和特色，将主题活动与园所文化有机结合。体现幼儿园的办学理念和教育特色的科技节主题活动成为具有独特风格的活动，让幼儿在参与中感受园所的特色魅力，以增强他们对园所的归属感和认同感。

同时，创设开放的时间和空间维度下的主题式科技节活动情境非常重要。在时间上，确保活动有足够的准备、实施和总结阶段，让幼儿有充分的时间进行科学实践活动。在空间上，将活动空间从教室扩展到其他环境，让幼儿在不同的情境中体验活动，以提高他们的兴趣和参与度。

基于科学精神的科技节实践活动，让幼儿参与科学体验，刷新他们的学习理念和方式，激发他们的探索能力，从而更好地实现立德树人的根本任务。通过这样的活动设计与实施，幼儿园能够真正营造出一个充满创造力和探索精神的科学教育环境，为幼儿的全面发展提供有力支持。

我园的科学探索活动为幼儿的发展带来了显著的益处。在小梦童科探园，我们引导幼儿领略科学现象的神奇，向他们展示科学世界的一角。通过科技节活动的组织，我们与家长紧密合作，引导幼儿利用已了解的科学知识及其个人经历和认知，激发他们的创造精神和实践能力。最为重要的是，参与小梦童科探活动的幼儿会对科学产生浓厚的兴趣，形成积极的学习态度。他们将发现，学习科学不仅是有趣的，而且是一场充满惊喜的冒险。这种积极的学习态度将成为他们人生旅途中的宝贵财富，为他们未来的学习和成长奠定坚实的基础。

第二节
小梦童科探园实践案例

小梦童科探园作为小梦童科探活动的一条实践路径和STEM+玩创活动的一部分，旨在成为科学与乐趣相结合的平台。它鼓励参与者在玩乐中学习、在探索中成长，最终培养出对世界抱有强烈好奇心和探索欲的未来探索者。

为此，我们精心挑选了一系列创新的小梦童科探园实践案例，以展示我们对环境的创设和材料的选择，确保每个幼儿都能在一个安全、包容的环境中自由探索、学习和成长。我们鼓励他们积极提出问题，与同伴一起探讨，通过团队合作找到答案或解决问题。

案例一： 颜色王国

"颜色王国"是专为幼儿设计的小梦童科探活动，属于STEM+玩创活动项目的一部分。在这项活动中，我们运用富有创新精神的科技探索技术，激发幼儿的好奇心和求知欲，并通过多样化活动助力幼儿的科技探索旅程。

在"颜色王国"中，我们开展了多项有趣的活动。其中，"彩色小火山"活动尤为引人注目：当白醋与小苏打混合发生酸碱反应时，会产生二氧化碳气体，从而生成大量气泡，呈现出火山喷发般的视觉效果。这个实验不仅令人着迷，还向幼儿展示了化学反应的奇妙和色彩的魅力，同时激发了他们对科学探索的兴趣。具体见图 5-1。

图 5-1　彩色"火山喷发"实验

会游的颜色：通过运用辅料介质（如纸巾、宣纸等），使色彩展现出流动特性。

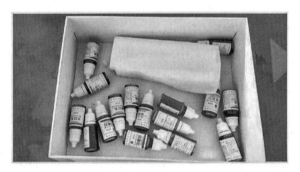

图 5-2　会游的颜色材料

（一）漂亮的颜色活动

1. 活动目标

（1）直观地认识红、黄、蓝、绿

幼儿能大胆地选择自己喜欢的颜色进行涂色。

（2）通过活动体验色彩之美

2. 活动准备

（1）前期经验准备，认识三原色

（2）其他准备，如白色蜡笔、白色城堡图纸等

3. **活动过程**

（1）故事导入——《白色城堡》

环节设计意图：通过故事的讲述，引导幼儿认识各种颜色。

① 过渡语

白色城堡的国王认为全白的王国不够美观，于是派遣白色蜡笔去寻找漂亮的颜色。让我们跟随白色蜡笔一起出发，探索它能找到哪些颜色。

② 欣赏童话，认识颜色

提问：太阳公公给了它什么颜色？花园里有哪些颜色？大海是什么颜色？草地呈现什么颜色？

小结：我们跟随白色蜡笔认识了红、黄、蓝、绿这些颜色。你们还在哪里见过这些颜色呢？引导幼儿观察自己的衣物、教室内的物品等。

（2）操作活动——为图形宝宝着色

提问：你们最喜欢哪种颜色？想用你最喜欢的颜色来画画吗？

幼儿操作：每个幼儿选择自己喜爱的颜色为图形着色。

教师指导：涂色时应注意先涂外围后涂内部，保持涂色均匀和细致，避免涂出界。

交流分享：你为哪个图形选择了什么颜色？

小结：今天，白色城堡的国王在我们小朋友的帮助下找到了许多漂亮的颜色，他要向我们表示感谢。

（二）五彩小旗活动

1. **活动目标**

（1）认识长方形

初步学习采用长方形来表现彩旗的方法，并进一步练习在轮廓线内均匀地涂色。

（2）使用多种颜色

鼓励使用多种颜色作画，旨在提高动手能力和审美鉴赏力。

2. **活动准备**

（1）前期经验，家长引导孩子去观察多种多样的彩旗

（2）其他准备：幼儿绘画工具

3. 活动过程

（1）通过对话，导入课题

提问：你看到的彩旗是什么样子的？（让幼儿基于已有的经验自由发表意见。）

（2）出示范例，引导幼儿观察、描述

提问：我把看到的彩旗画下来了。你们看看有些什么样子。

小结：原来我们的彩旗都有不同的颜色，形状也不相同，有的是长方形，有的是三角形。

（3）教师示范讲解彩旗的画法

引导语：首先，我们在绳子上挂上一面又一面的长方形旗子。绘制长方形时，可以先画两条等长的竖直线，然后将这两条线连接起来，最后为每一面旗子填上不同的颜色。这样一面面漂亮的彩旗就绘制完成了。

接着引导孩子们按照这种方法练习。

（4）幼儿作画，教师巡回指导

提问：你们也在绳子上挂上了五颜六色的旗子吗？

提醒孩子们长方形的绘制方法，并鼓励他们使用多种颜色进行着色，同时提醒他们不要将颜色涂出方框外。

（5）展示、评价幼儿作品

根据孩子们的绘画情况，教师可以将绘制得较好的作品向大家展示，并引导孩子们相互学习，同时指出存在的问题。

（三）粉红线活动

1. 活动目标

（1）认识线条

感受粉红色线条长长的、细细的特征，并大胆地用语言表达图片中粉红线条的变化。

（2）体验线条特点

乐于与粉红线条一起游戏，体验粉红线条变化的乐趣。

2. **活动准备**

（1）前期经验：对颜色和毛线有基本了解

（2）其他准备：课件、图片

3. **活动过程**

（1）**触摸摸袋——引出粉红线条**

环节设计意图：通过触摸和猜测，引出粉红线条，了解其特点。

① 出示摸袋

今天，我带来了一个有点害羞的朋友，它躲在袋子里。谁愿意来摸摸看、猜猜是什么呢？

② 我们把它请出来吧！

这是一根怎样的线条呢？在我们的生活中，还有哪些东西是像粉红线条这样长长的、细细的呢？

小结："我们的生活中有很多东西都像这根粉红线条一样长。但你们知道吗，这根粉红线条拥有神奇的魔法，它能够变化无穷。"

（2）**看看说说——体验粉红线条的变化**

环节设计意图：通过观看绘本，感受粉红线条的变化，并鼓励用语言表达这些变化。

① 粉红线条变成蝴蝶结

看！粉红线条变成了什么？

小朋友，你们想变一变吗？魔法小手准备好啦！

② 粉红线条变成水管

看，粉红线条又变成了什么？

我们一起来变一变。

③ 幼儿每人一张图片，说一说粉红线条的变化

我给你们每个人一种神奇的魔力，可让它变成更加特别的东西。这个小秘密就藏在你们的小椅子下面，我们一会去找一找，用魔法把它们变出来好不好？

幼儿分享交流。

谁来说说你的粉红线条变成了什么？

小结：小魔法师的魔法这么厉害，都变出了各种各样的东西。

（3）穿穿戴戴——粉红线条在生活中的变化

环节设计意图：通过穿戴和玩耍各种粉红色的物品，感受粉红线条的变化，并愿意用语言说说这些变化。

出示魔盒：瞧，这条粉红线条藏进了小魔盒里，里面藏着许多粉红线条。你想知道它接下来会变成什么吗？

小结：找到自己的粉红线条宝贝了吗？让我们一起回教室，和朋友们分享吧。

（四）彩带飘飘活动

1. 活动目标

（1）制作彩带

在已有认识颜色的基础上，能够独立制作彩带，并能区分彩带的长短。

（2）学跳秧歌

在舞动彩带中体验民间秧歌舞的风采，享受跳秧歌的乐趣。

2. 活动准备

（1）前期经验准备：幼儿已经对各种颜色有所认识

（2）其他准备：各色皱纹纸和音乐

3. 活动过程

（1）看视频——了解彩带可以用来跳舞

环节设计意图：通过观看彩带舞蹈的视频，让幼儿了解舞动彩带是一种表演方式。

① 出示彩带并提问：这是什么？你们在哪里看到过？

② 播放视频，幼儿欣赏彩带飞舞的视频。

（引导幼儿观看彩带飞舞的情景，欣赏五彩缤纷的美丽景象。）

小结：彩带飞舞的节目好精彩哦！我们一起拍拍手！

（2）制作彩带——体验扭秧歌的快乐

环节设计意图：通过自己动手制作彩带以及舞彩带，感受扭秧歌的快乐。

提问：彩带舞好看吗？彩带漂亮吗？我们一起来做彩带，然后一起跳舞好吗？

① 动手制作彩带。

教师和幼儿一起用撕皱纹纸的方式制作彩带。

在制作彩带过程中，引导幼儿认识颜色、区别长短。

引导幼儿分别按长短、颜色排序，装扮活动室。

② 放音乐，师生一起扭秧歌。

③ 启发幼儿自由创编动作，让幼儿在音乐的伴奏下，自由扭动，甩彩带。

④ 看看谁的彩带舞最美丽。

幼儿分组进行。

个别幼儿展示。

小结：原来跳彩带舞是件很快乐的事情，彩带飘起来多美呀！

（3）延伸活动——画彩带

环节设计意图：通过示范绘制，激发幼儿绘画彩带的兴趣。

① 提示并启发：不仅可以制作彩带，还可以画彩带哦！

② 教师用彩色粉笔在黑板上示范绘制彩带飞舞，边绘制边描述："看，红带子飘起来了，绿带子也飘起来了。"

小结：以后，我们可以用自己喜欢的颜色，画出各种漂亮的彩带。

案例二：　童心玩灌溉

"童心玩灌溉"是一项专为幼儿量身打造的"STEM+玩创活动"类主题科学探索活动。我们旨在通过创新性的教育活动滋养孩子们的心灵，引导他们在愉悦中体验学习的快乐。在"童心玩灌溉"活动中，我们成功地举办了多项特色鲜明的活动，为幼儿提供了一系列充满童趣与探索乐趣的灌溉体验之旅。

（一）越来越好的灌溉活动

1. 活动目标

（1）认识灌溉工具

初步了解人类灌溉工具的发展历程及其使用方法。

（2）了解灌溉工具的古今变化

体会利用工具进行灌溉带来的便利性，感受灌溉工具的持续改进和优化。

2. 活动准备

（1）前期经验准备：使用灌溉工具的经验

（2）其他准备：PPT等

3. 活动过程

（1）说一说——交流个人的灌溉经验

环节设计意图：通过交流个人的灌溉经验，引入并分享灌溉的知识和经验。

提问：你给植物浇过水吗？使用的是什么工具？你知道什么是灌溉吗？农民伯伯是怎样给农作物灌溉的？

小结：实际上，人类非常聪明，发明了许多实用的工具，使得浇水即灌溉变得更加方便、省时且省力。

（2）看一看——从古至今灌溉工具的演变

环节设计意图：通过观看并讨论，了解古代和现代使用的灌溉工具，感知灌溉工具从古至今的变化，递进式提问。

① 那你们想知道古代的人们是怎样给农作物灌溉的吗？

（出示PPT）你看到了什么？这样灌溉方便吗？

②（出示图片辘轳和桔槔）看，人们又发明了什么？猜猜是如何使用的？你觉得这些工具怎么样？

③（出示龙骨水车）你觉得这些水车都有什么用？仔细看图片，怎样才能让这些水车动起来进行灌溉？和之前的工具相比，你觉得哪个更好？

④ 到了现代，人们又是怎样来灌溉的呢？

⑤ 你觉得哪种工具好？为什么？（灌溉面积大、省时省力、方便使用等）

小结：我们的工具从古代到现在，经过一点一点地改进，变得越来越方便，越来越好。

（3）作品展示——大胆创新来设计

环节设计意图：通过探讨和交流，了解设计灌溉工具时需要考虑的因素，并鼓励大胆创新。

提问：设计灌溉工具时，除了要方便灌溉、节省时间，还需要考虑哪些方面？谁能设计出既节省水和时间，又能大面积灌溉的工具？

鼓励幼儿大胆分享自己设计的灌溉工具。

小结："你们都是小小发明家，期待将来你们能设计出更完美、更高效的灌溉工具。"

（二）水车本领大活动

1. 活动目标

（1）通过视频了解水车的基本特征和功能

（2）大胆想象水车的其他功能

体会水车能为人们的生活带来更多的便利和美好。

2. 活动准备

（1）前期经验：曾见过水车

（2）其他准备：课件、记录纸和笔

3. 活动过程

（1）观看视频——初步认识水车

环节设计意图：通过观看视频，了解水车的基础特征和功能。

导入提问：今天，我带来了一段视频，请大家来看看。神笔马良是如何帮助农民给田里的植物进行灌溉的呢？这个灌溉工具叫什么，它长什么样？

小结：水车是我国最古老的农业灌溉工具，它曾经帮助农民伯伯们灌溉田地。

（2）想一想，猜一猜，看一看——了解现代水车的其他用途

环节设计意图：通过观察和猜测，了解现代水车的应用。

提问并启发：现在我们的科技发达了，农业上灌溉都用到了机器了，很少使用水车了。那这些水车还有什么用呢？

幼儿将自己的想法和猜测跟大家分享。

播放课件，带领幼儿了解现代水车的用途。

幼儿回忆刚才课件中水车的用途。

小结：原来水车除了可以用于农田的灌溉，还可以作为一种摆设、装饰、玩具甚至景点来让人们使用和欣赏。

（3）小小设计家——为水车设计其他用途

环节设计意图：通过讨论，与同伴合作设计，一起为水车想想其他用途。

水车是一个非常重要的发明，可是现在越来越少被人们使用了。如果大家都不用，不久之后大家都会忘了它。这样很可惜。所以今天请你们帮帮它，帮它找一份新工作。

幼儿五人一组，合作商讨和设计并做简单记录，为水车想一份新的工作。

幼儿分组派代表来交流自己的想法，说说你们为水车找到了什么新工作。

评选出你最喜欢的水车的工作，说说理由。

小结：你们的想象力真丰富，为古老的水车想到了新的工作，这样水车就不会那么无聊地退休了。它会继续给我们的生活带来方便和美。

（三）小小水车活动

1. 活动目标

（1）欣赏并理解歌词，用欢快的声音演唱歌曲

（2）体验踩水车灌溉带来的乐趣

2. 活动准备

（1）前期经验：对水车有初步了解

（2）其他准备：音乐和水车的图片

3. 活动过程

（1）看一看——引发兴趣

环节设计意图：播放水车的图片，引发幼儿对水车的了解和兴趣。

提问：看看这是什么？你在哪里见过水车？它有什么用？

小结过渡：它的名字叫水车。水车是一种灌溉的工具。听，它唱起了好听的歌，歌曲的名字叫《小小水车》。

（2）唱一唱——理解歌曲

环节设计意图：聆听歌曲旋律，听辨歌词，理解歌曲内容，乐意学唱歌曲。

① 感受歌曲，理解歌唱内容

提问：你在歌曲里听到了什么？水车在什么地方？小农民踩水车的心情怎么样？庄稼喝了水儿又怎样？

老师用歌词进行小结。

② 学唱歌曲

和老师一起跟唱歌曲。（集体学唱、分小组唱）

小结过渡：田里的庄稼要喝水，需要水车来灌溉。

（3）玩一玩——"踩水车"游戏

环节设计意图：了解"踩水车"游戏的规则，乐意和同伴进行音乐游戏，体验游戏的快乐。

① 介绍游戏规则

师幼互动：请一名幼儿与老师一起边介绍边示范游戏规则。

（在每一句歌词唱好以后拍节奏，节奏可以模仿，也可以创编。）

② 请两名幼儿尝试进行游戏

生生互动：由两名幼儿进行示范尝试。

③ 集体玩"踩水车"游戏

小结：我们大家一起踩水车，是一件快乐的事。

④ 尝试小组合作为歌曲创编动作，并表现种子快长大时的快乐心情

（四）多样的管道灌溉活动

1. 活动目标

（1）初步了解漫灌、喷灌、微喷、滴灌、渗灌等管道灌溉方式

（2）感受管道灌溉的多样性及其带来的便利性

2. 活动准备

（1）前期经验准备：日常生活中对管道灌溉有所观察

（2）其他准备：准备 PPT 等教学辅助材料

3. 活动过程

（1）说一说——交流平时生活中看到过的管道灌溉

环节设计意图：通过谈话，交流平时生活中看到过的管道灌溉。

提问：你知道管道灌溉吗？什么是管道灌溉？在平时生活中你看到过哪些和管道有关的灌溉呢？

小结：其实管道灌溉和平时的生活息息相关，比如果蔬、花木以及路边的绿化等都需要用到管道灌溉。

（2）看一看——了解多样的管道灌溉方式

环节设计意图：通过看看、说说，初步了解漫灌、喷灌、微喷、滴灌、渗灌等管道灌溉方式。

关键提问：那你们想知道管道灌溉有哪些方式吗？我们一起来看一看。

介绍不同的管道灌溉方式，并解释其特点和应用场景。

小结：我们的日常生活中存在多种管道灌溉方式，包括漫灌、喷灌、微喷、滴灌、渗灌等，每种方式都有其特点和适用范围。

（3）讲一讲——体会管道灌溉带来的方便

环节设计意图：通过交流，了解管道灌溉所带来的便利。

提问：管道灌溉给我们的生活带来了哪些便利？如果你是管道灌溉设计师，你会设计哪些为生活带来更多便利的管道灌溉方式呢？

小结：多样的管道灌溉方式给我们的生活带来了很多便利。相信今后的管道灌溉会越来越好。

案例三： 光影世界

"找一找，我们周围有哪些物体会发光？"这个问题虽然简单，却蕴含着深厚的科学原理，它开启了一场主题为"光影世界"的科学探索活动。在这项活动中，孩子们表现出极高的热情，他们积极举手，争先恐后地回答这个问题："太阳、月亮、灯、荧光棒……"孩子们的答案丰富多样，展现出他们对生活中光影现象的敏锐观察力。在孩子们纯真的眼睛中，这个世界充满了奇妙和神秘，而光影正是这一切的核心要素。为了让孩子们更加深入地理解光影的奥秘，教师决定带领他们进行一次奇妙的光影探索之旅。

（一）有趣的光斑活动

1. 活动目标

（1）对光斑现象产生兴趣，并在实践中初步了解光的反射现象

（2）能够用语言描述自己对光斑现象的发现，并体验探索的乐趣

2. 活动准备

（1）前期经验：幼儿对生活中的光源有所了解

（2）其他准备：为每个幼儿准备操作材料，包括平面镜、光盘、纸盘、玻璃瓶、塑料积木以及观察记录表

3. 活动过程

（1）玩镜子——发现光斑

环节设计意图：在自由玩镜子的游戏中，发现镜子反射出来的光斑。

导入：（出示镜子）这是什么？镜子有什么用？

今天我们和镜子到外面做游戏，看看你有什么新发现。

幼儿在户外自由地玩镜子，找找新发现。

引导幼儿交流：你用镜子做游戏时，发现了什么有趣的现象？

教师重点交流：光斑

追问：那个亮亮的东西是什么？怎么会有光斑呢？

小结：镜子将光反射在墙壁上就会产生光斑，这就是光的反射现象。

（2）找一找——可以形成光斑的物体

环节设计意图：在尝试操作中找出可以在阳光下形成光斑的物体。

引发幼儿回忆、讲述已有经验。

讨论：请你们想一想，除了镜子，还有什么东西也可以像镜子一样在太阳光下一照就形成光斑呢？

出示操作材料（光盘、一次性盘子、玻璃瓶等材料）。

要求：三人一组领取一份材料；试试哪些材料能够产生光斑，哪些不能，并将发现记录在记录纸上。

幼儿操作实验并记录。

交流：哪些材料能够产生光斑？哪些不能？

小结：在生活中有很多物体在阳光的照射下都会产生光斑，真有趣。

（3）比较发现——感受光斑的不同

环节设计意图：仔细观察不同的物体产生的光斑各有不同。

教师用镜子和玻璃找出光斑并提问：你们发现它们有什么不同？

幼儿交流自己的发现。

教师用任务引导：请你们再去试一试刚才的材料，看看它们产生的光斑有哪些不同。

幼儿操作并发现、交流。

小结：不同的物体形成的光斑各有不同：清晰度不同、形状不同、大小不同。关于光斑还有很多秘密等着小朋友去探索、发现。

（二）调皮的七色光活动

1. 活动目标

（1）通过故事欣赏，理解光的组成

光有七种颜色：赤、橙、黄、绿、青、蓝、紫。

（2）理解光与环境、人类生活的密切关系

通过想象续编故事，体验探索的乐趣。

2. 活动准备

（1）前期经验：幼儿已有看见并感受过光的经验

（2）其他准备：故事《调皮的七彩光》PPT，选择晴朗的天气进行活动

3. 活动过程

（1）回忆"与太阳一起的感觉"——引出太阳公公的七个调皮宝宝

环节设计意图：引导幼儿结合已有经验，回忆与太阳一起玩的感受，并根据已有经验大胆表述。

提问：小朋友们和太阳公公一起玩的时候，有些什么感觉？

小结过渡：这是因为太阳公公有七个调皮的光线宝宝，他们是谁呢？我们一起来听听故事就知道了。

（2）欣赏理解故事——初步了解光由七色组成

环节设计意图：通过欣赏故事，提问互动，理解故事的内容并了解光的七色组成。

① 理解故事内容

（出示 PPT1）提问：你们知道太阳的光线宝宝是谁吗？

教师完整讲述故事。

提问：调皮的七彩光宝宝来到哪里？那里发生了什么变化？

他们溜到向日葵上，向日葵发生了什么变化？（导向答案：变得金黄金黄）

他们来到果园里，橘子发生了什么变化？（导向答案：穿上了橙色衣服）

他们跑到草地上，草地发生了什么变化？（导向答案：变得绿油油）

他们跳到大海里，大海发生了什么变化？（导向答案：变得蓝蓝的）

他们经过沙滩，小螃蟹有什么变化？（导向答案：变成了小青蟹）

他们亲亲西红柿和茄子，西红柿和茄子有什么变化？（导向答案：西红柿有了红彤彤的颜色；茄子有了紫莹莹的颜色）

再次完整播放教学课件，让幼儿欣赏。

小结：原来调皮的七彩光宝宝去了那么多的地方，让那么多东西都有了漂亮的颜色呢！

② 讨论光和人们生活的关系

提问：调皮的七彩光宝宝会有几种颜色？给人们带来了什么？

假如我们生活中没有了光会怎么样？

小结：如果没有了光，我们的世界一片漆黑，所有的东西都会失去颜色，不像现在这样五彩缤纷。所以光对我们的人类、动物、植物都是非常重要的。

（3）想象、续编故事——理解光与环境以及人们生活的关系

环节设计意图：鼓励幼儿联想生活中事物的颜色，尝试续编故事《调皮的七彩光》，理解光与环境以及人们生活的关系。

调皮的七彩光宝宝明天还会到地球来玩，他们会到哪些地方去？和谁一起玩呢？

联想生活中事物的颜色，尝试续编《调皮的七彩光》。

小结：光线宝宝玩累了，太阳公公要他们回家了，在他们跑过的地方出现了一座美丽的彩虹桥。有时间我们再和光线宝宝们做游戏吧！

（三）七彩光和果娃娃活动

1. 活动目标

（1）培养学唱和创作歌曲的兴趣，努力唱准附点音符和休止符

（2）理解歌曲含义，体验七彩光与果娃娃之间的友好和快乐情绪

2. 活动准备

（1）前期经验：幼儿应了解各种水果的颜色

（2）歌曲录音和不同水果的照片

3. 活动过程

（1）欣赏理解歌曲——感受歌曲的节奏性和趣味性

环节设计意图：在欣赏歌曲及朗诵歌词的过程中感受歌曲的节奏性和趣味性。

① 完整欣赏音乐。

提问：你听到了什么？与哪个故事有关？

② 再次欣赏歌曲。

提问：歌曲里你听到了哪些果娃娃？

③ 按照歌词顺序出示水果图片，带领幼儿朗诵念白。

幼儿尝试念白部分，感受念白部分的节奏感和趣味性。

小结：刚才我们念的这一部分叫歌曲念白，念白里有很多的水果宝宝，它们都在有节奏地跳舞。

（2）学唱歌曲——能唱准乐句中的附点音符和休止符

环节设计意图：在欣赏与学唱的过程中唱准附点音符和休止符，并用优美、欢快的声音演唱。

① 过渡语

这是一首关于七彩光和果娃娃的歌曲，下面我们再欣赏一下这首歌。

② 学唱歌曲

教师完整演唱歌曲（要求幼儿边打节奏边欣赏）。

幼儿完整演唱。

提问：在演唱时你觉得哪里有困难？（教师结合幼儿的学习困难随机解决。）

重点解决附点音符和休止符，尝试用手势及动作提示帮助幼儿理解附点音符与休止符。

教师和幼儿一起打节奏演唱歌曲。

③ 分形式演唱

第一次：男女一起演唱整首歌曲，要求唱出附点和休止符。

第二次：男生唱，女生念白（提示幼儿用优美的声音演唱）。

第三次：女生唱，男生念白。

小结：在演唱时，我们不仅要唱准节奏而且要用欢快的情绪来表现七彩光和果娃娃在一起的快乐。

（3）创编念白——感受创编歌曲的趣味性

环节设计意图：通过创编念白的形式，感受创编歌曲的趣味性，引发幼儿的拓展创编。

提问：光宝宝除了给刚才的那些水果染上美丽的颜色，还可以给其他不同的水果染上颜色。你们可以试试把它们编进歌曲里吗？

幼儿创编并进行表演。

小结：今天光宝宝把果娃娃染上了不同的颜色。下次我们试试让光宝宝把菜娃娃和花娃娃也染上美丽的颜色。

（四）照镜子活动

1. 活动目标

（1）利用照镜子的生活经验，与伙伴合作进行照镜子的音乐游戏

（2）跟随音乐节奏执行动作，享受与伙伴一起游戏的乐趣

2. 活动准备

（1）前期经验：幼儿有玩过影子舞的经验

（2）其他准备：镜子、音乐和图谱

3. 活动过程

（1）玩镜子——了解镜子成像的特点

环节设计意图：通过玩镜子的游戏，激发幼儿参与活动的兴趣。

请幼儿拿出自己准备好的镜子，对着镜子去做自己喜欢的动作。

提问：照镜子的时候，你发现了什么？你的动作和镜子里的自己动作是不是一样？

小结：原来镜子里的人和照镜子的人的动作都是一样的。

（2）照镜子——理解音乐游戏规则

环节设计意图：根据照镜子的生活经验，尝试与同伴合作照镜子，了解音乐游戏的基本规则。

① 教师与幼儿做照镜子游戏

提问：照镜子时，两个人的动作有什么特点？

② 熟悉音乐，理解图谱的动作要求。

幼儿完整听音乐，熟悉音乐。

教师逐步出示图谱分解图谱，分解音乐，教师根据图谱演示游戏方法。

幼儿听音乐尝试游戏。

③ 根据图谱的要求，老师编排动作照镜子，幼儿做镜子演示动作。

老师做照镜子的人，幼儿做镜子，演示一遍。

幼儿起立做照镜子的人，老师做镜子演示一次。

④ 幼儿集体分角色（人和镜子）跟着音乐做动作。

小结：只有两个人默契地合作，照镜子的游戏才能够成功。

（3）自由创编——感受音乐游戏的快乐

环节设计意图：根据音乐节奏以及节拍，引导幼儿尝试自由创编动作，感受游戏的快乐。

幼儿根据音乐前奏和拍手环节自由寻找朋友，从做动作的章节开始，自由创编动作，与同伴合作完成游戏。

小结：我们再去找更多的朋友一起玩照镜子的游戏吧。

　　一次精彩纷呈的集体活动能显著促进幼儿的发展和成长，尤其在科学教育这一关键领域。因此，我园推出的科技节（作为"小梦童科探"系列活动的实践路径之一），旨在唤醒和培养幼儿的探索精神和创新思维。我园已多次成功举办科技节，积累了丰富的经验并取得了优秀的成果。在此，我们展示了第七届、第八届和第九届科技节的实践案例。在这些案例中，幼儿直接接触到科学的奥秘，增长了知识；通过亲子互动，既增进亲子关系、家园关系，又培养了社交技能。

案例一：　科技筑梦　驰骋未来——第七届科技节

（一）活动背景

　　为激发幼儿对科技的兴趣，提升其科技素养，推进科学启蒙教育，并发扬我园 STEM+ 教育特色，我园以"科技筑梦，驰骋未来"为主题，尝试将环境教育与科技教育相融合。我们鼓励孩子们亲近科学、热爱科学，并在实践中体验成功与愉悦，让 STEM+ 教育的理念深入幼儿的思维和内心。

　　2021 年 4 月至 6 月，在幼儿园操场和多功能厅，全体师生共同参与了主题为"科技筑梦，驰骋未来"的科技节。本届科技节倡导"爱科学、玩科学"的精神，主要有幼儿项目发布会、科学童话剧和科学互动游戏等形式，以"多元、整合、创新"的理念为导向，鼓励跨学科整合。我们旨在激发幼儿积极思考、感知操作、自由想象，培养其科学探索精神，同时在玩乐中拓宽其视野，提高其解决问题的能力，培育其对科学的热爱和享受科学活动的乐趣。

科技节的活动内容丰富，包括历届科技节的数字故事回顾、项目发布会、科学童话剧、专家点评与颁奖等。此外，我园还组织以班级为单位的科技游戏互动体验活动，包括由中（2）班和中（3）班制作的"未来汽车"、大（2）班的"升降车"、由大（1）班的未来汽车组成的"科技馆"、大（6）班的"皮影剧院"、中（4）班的"汉服探究"、大（4）班的"我的班级我设计"、由大（5）班的草本扎染和大（3）班的班旗展示组成的"文化馆"、中（4）班的"水净化"、中（3）班的"'纸'言片语"、中（5）班的"蚂蚁来了"和由中（7）班的花花世界组成的"生态馆"。

（二）当日动态

科技筑梦　驰骋未来

——叶城幼儿园第七届小叶科技节暨"六一"儿童节活动

六月是充满歌声与花香的季节，更是孩子们的季节。在孩子们成长的旋律和歌声中，我们迎来了"六一"国际儿童节。为了让幼儿享受一个愉快且富有意义的"六一"节，我们结合叶城幼儿园的传统节日——科技节，举办了主题为"科技筑梦，驰骋未来"的第七届小叶科技节，同时庆祝"六一"儿童节。

班本项目彰显特色——体现STEM+儿童立场

在科技节的STEM+项目体验活动中，孩子们可以体验到各式各样的科技创新。"未来汽车"引领孩子们进入汽车创意的新时代；"升降车"让孩子们探索不同材料制作的升降机械；"净水DIY"让大家共同为保护绿色地球而努力；"蚂蚁来了"让孩子们一起探秘蚂蚁王国；"汉服探索"带领孩子们回到秦汉时期，体验传统文化；"班旗"则展示了孩子们的创意和团队精神。

每个体验活动都展示了孩子们基于问题、兴趣、主题和生活所进行的项目探究过程，通过不同的展示方式如项目板、立体翻翻书、探究手账等记录了孩子们的发现和探索之旅。在这个过程中，孩子们成了探索的主体，与教师和伙伴们一起积极探究、合作解决问题，享受探究的乐趣。

课程实施回顾——展望科技筑梦之旅

科技节的主场活动以微视频"科技筑梦，驰骋未来"为开篇，通过"叶之忆""叶之乐"和"叶之果"三个篇章回顾了历届科技节的历程，并展示了本届科技节小创客们的快乐旅程及其经典作品。同时，从孩子们的视角出发，展现了我园在STEM+科创特色品牌建设过程中，课程实施至今所取得的成果。

园长致辞：携梦未来

在这段充满科技梦想的旅程中，园长首先代表全体教职员工，向工业区管委会、教育局及社会各界人士对我园在打造STEM+科创特色和小梦童科技节活动方面的鼎力支持表示感谢。接着，她从三个方面（核心亮点、多元活动、资源整合）详细解读了本次科技节的主题"科技筑梦，驰骋未来"。最后，园长寄语所有叶城幼儿园的小创客们继续保持对科技创新活动的热情，希望"STEM+科创"的梦想之种在孩子们心中生根发芽。

项目发布：探究之旅

在本学期的班级化STEM+项目研究中，涌现了一批尊重孩子视角、围绕孩子问题、深入探究的STEM+活动。这些项目在科技节现场进行了展示。例如，中（7）班的"花花世界"以问题为核心，突出了孩子们的探索过程和解决问题的策略；大（2）班的"升降车"展示了孩子们的思维过程和学习历程，着重于项目实施中的不断调整与优化；大（6）班的"皮影戏"则展示了孩子们如何有效运用学习和思维工具，在一场精彩的皮影表演中共同探究学习。

童话剧目话科技：点亮科技梦想理念

一次去汽车公司的参观活动让孩子们意识到汽车尾气污染环境的严重性。基于这个问题，幼儿陶陶、辰辰等在教师的引导下，创作并表演了科技童话剧《赶走尾气》。剧中孩子们以富有童趣的对话和生动的演绎，展示了他们的创意思维和对环境保护的愿望。这次科技剧充分展现了"我的舞台我做主"理念。幼儿们自主设计剧本、服装和道具，获得了富有成效的项目探究经历。

资源整合再出发：支持小叶创客追逐梦想

在教育生态观的引导下，我园作为"STEM+科创"共同体的一员，深入挖掘园区内的家长资源、社区资源和企业资源等。为了更好地整合这些资源，支持培养具有核心素养的未来儿童，"STEM+资源库"应运而生。相信"STEM+资源库"的成立将使我园能够更有效地利用多方资源，推动我园内涵式发展。

本次科技节不仅是我园 STEM+ 课程的一次展示，也是对儿童成长足迹的记录，对教师专业发展的一次考验，以及对儿童能力发展的一次过程性评价。幼儿园将继续秉承"知爱、慧雅、乐善"的校园文化精神，不忘初心，砥砺前行，为"幼有善育"的梦想而努力！

案例二：小创客，大梦想——第八届科技节

（一）活动背景

为了进一步激发幼儿对科学的兴趣，培养他们的创新思维能力并提升他们的科学核心素养，同时彰显我园的 STEM+ 科创特色，我们以"小创客，大梦想"为主题，举办第八届校园科技节。我们鼓励幼儿利用家中现有的素材进行创意制作、发明和建构，让他们在"思考""实践"和"共享"中体验创造和探索的无限乐趣，为他们的终身学习和全面发展奠定坚实基础。

2022 年 4 月 30 日至 5 月 30 日，幼儿通过幼儿园的钉钉平台在家中参与科技节活动。第八届科技节旨在通过线上互动，开展"小创客创意挑战赛"等多样化的活动，鼓励利用家中的资源进行创新和发明，以此激发儿童的创造力和动手解决问题的能力。同时，家庭和幼儿园将共同探索周围的科学现象和奥秘。此外，我们利用班级平台、幼儿园公众微信等渠道，为广大幼儿及其家庭提供广阔的展示平台，以增强幼儿的自信心和表达能力，培养他们乐于表达、善于创新和能够探究的能力。

本次活动主要包括四个环节：小创客项目发布会、创意建构、创意发明和创意模仿秀，旨在全方位提升幼儿的 STEM+ 能力，展现我园独特的教育魅力。

（二）当日动态

小创客，大梦想
——叶城幼儿园第八届科技节暨六一儿童节云活动

为了激发孩子们在家中对科学的好奇心和探索兴趣，同时引导他们关注周围的创新科技并锻炼动手及思考能力，"小创客，大梦想"主题的叶城幼儿园第八届科技节暨六一儿童节线上活动在"小叶云互动"平台隆重开幕。

视频回顾——云端观赏创客筑梦之旅

通过视频回顾，我们在云端观赏了本届科技节的亮点与精彩瞬间。孩子们在线上科技节的多元活动中，展现了他们的创造、想象和解决问题的能力。在与家长的共同参与下，孩子们探索了周围的科学现象和奥秘，感受到了创造和探索的乐趣。

项目发布——跟随幼儿的探究足迹

本次科技节的项目紧密联系幼儿的生活经验和实际问题，特别关注了"自然生态""生活健康"等领域，激发了幼儿和家长利用家中材料进行科学探究的热情，促进了幼儿创新思维和创造能力的发展。

线上颁奖——展示科技达人风采

在小创客创意挑战赛中，众多"建筑大师""创想大师""模仿大师"和"小小创客"脱颖而出。他们结合当前的热点话题（如"航天"），利用家中素材进行了一系列创意制作、发明和建构，展现了幼儿的科技小达人风采。

家长点赞——为孩子的发展寄语期望

家长们对孩子们的探究能力和学习品质表示赞赏，并对幼儿园组织的线上科技节活动表示感谢，认为这为孩子们提供了练就多元能力的平台，种下了实现梦想的种子。家长们也表示愿意陪伴孩子们一同成长，共同激发探究的兴趣，培养创新思维。

创新携梦而行，科技展翅高飞。通过线上平台的广泛参与，本次科技节不仅为孩子及其家庭提供了展示的舞台，而且增强了孩子的自信心和表达能力，使其乐于表达、善于创想、勇于探究，激励他们不断追逐创客梦想。

案例三： 走进新能源，玩创嗨不停——第九届科技节

（一）活动背景

为了激发幼儿对周围世界科学知识的学习兴趣，培养他们关注环境、珍惜自然资源的环保意识，并提高科学素养，本次活动秉承了我园科创教育的特色，选择了"走进新能源，玩创嗨不停"作为主题。通过一系列活动，我们让幼儿理解科学、技术与社会之间的联系，鼓励他们乐于合作、与环境和谐共存，从而开启他们童年时期对科学的梦想和探索。

（二）当日动态

走进新能源，玩创嗨不停

——叶城幼儿园第九届小叶科技节暨六一儿童节活动

为确保幼儿度过一个充满乐趣且富有意义的儿童节，叶城幼儿园结合园内传统的科技节，举办了以"走进新能源，玩创嗨不停"为主题的第九届小叶科技节，旨在庆祝六一儿童节。6月1日上午，园领导及家长代表齐聚一堂，共同见证了这一盛会的开幕。

玩创集市展风采——通过科学游戏互动体验，孩子们在"新能源体验馆"集市中畅游。集市设有风能、水能、太阳能等主题摊位，由幼儿和教师共同搭建，为大家提供了一个充满科学性、可玩性及挑战性的游戏互动体验空间。

数字故事追忆旅程——科技节以数字故事形式拉开序幕，回顾了历届科技节的精彩瞬间及本届科技节孩子们的快乐旅程，展示了孩子们的经典玩创作品。

环保走秀传环保理念——活动前期，家长与孩子们利用废旧材料，发挥创意制作亲子服饰，展现了"走进新能源"主题的特色，让环保理念深入人心。

园长致辞勉励玩创前行——园长发表致辞，感谢所有支持科技节的上级领导与家长。她对"走进新能源，玩创嗨不停"主题进行了解读，并鼓励孩子们保持对玩创活动的热情，期待他们在探究和创造中成长。

项目发布彰显探究成效——本学期班本化玩创项目展现了儿童以问题为中心的探究过程。如大（3）班孩子们的"太阳能风干机"项目发布，突出了孩子们的探索过程和解决问题的策略，体现了孩子们对科学的热爱和对环保的重视。

本届科技节不仅展示了幼儿园的科创教育特色，也为幼儿提供了一个展现自我、合作探究的平台，激发了他们对新能源的好奇心和科学探索的热情，以共同迎接充满创意与梦想的未来。

颁奖仪式展才华——在大视野课程的背景下，本届科技节诞生了众多创新项目和杰出家长。通过微信投票与教师评选，决出"最具环保创意""最具潜力小作家""小小设计师"等奖项。园领导为获奖者颁发奖项，并鼓励他们在追逐梦想的道路上继续领先。

童话剧目展神奇——青年教师团队共同创作并上演的科技童话剧《超级变变变》，以其充满童趣的对话和生动的表演，成功展示了孩子们的创意和新能源的奇妙，赢得了观众的广泛喜爱。

资源分享启新程——发布的《玩创活动中的儿童趣事》一书，记录了孩子们在玩创活动中的趣味经历，其目的是支持培养具备核心素养的未来儿童。

家长代表寄希望——家长代表分享了对科技节的感想，并对幼儿园提供这样的机会表示赞赏，认为活动促进了孩子们的全面发展。他感谢了活动的组织和指导，并表达了希望学校能够更多地举办此类活动，以增进家庭与学校的交流，共同关注孩子们的成长。

本届科技节不仅展示了幼儿园的玩创教育特色，还激发了幼儿对新能源的兴趣，提升了他们的环保意识和科学素养。同时，为幼儿及其家庭提供了一个展示自我的舞台，增强了孩子们的综合能力。我们期待幼儿们能够带着梦想继续前行，创造更多的辉煌。

第六章

STEM+ 玩创活动的成效与展望

　　随着 STEM+ 玩创活动在我园的圆满结束，我们积累了宝贵的经验并取得了显著成果。这显示着我们在探求更适合幼儿发展需求的教育模式道路上迈出了坚实的步伐。我们深刻认识到，教育的发展是一个持续探索和不断前进的过程。尽管今天的成功经验极其珍贵，但面对未来教育的挑战，我们仍然需要保持开放和创新的心态而非止步于经验。在 STEM+ 玩创活动的实践经验基础上，我们将不断推陈出新，勇往直前，探索新的教育模式。

从幼儿发展的视角出发，STEM+ 玩创活动贴合了幼儿的身心发展规律与学习特性，重视幼儿的生活经验、兴趣爱好以及发展需求。在教师发展层面，这些活动有效激发了教师的课程设计与实施的创新思维与积极性，增强了教师的课程开发能力，促进了教师的专业成长。在课程发展的层面，STEM+ 玩创活动推动了从以园为本的课程向更加注重幼儿主体经验的生本课程的转型，使课程内容更加符合实际，提升了课程的实用性和多样性，更好地满足了幼儿多元化的学习与发展需求。在家园共建层面，STEM+ 玩创活动的推广极大地促进了家园之间的紧密合作。这些活动加强了幼儿园与家长之间的联系，激发了家长积极参与幼儿教育过程的意愿，共同为幼儿营造了充满成长潜力的学习环境。这种紧密的协作不仅为幼儿的全面发展提供了坚实的支持，也加深了家长对幼儿园教育理念和实践的理解与认同。

通过开展 STEM+ 玩创活动，我园在以下四个方面取得了明显的成效。

一、激发幼儿兴趣，促进幼儿全面发展

在我们幼儿园的教育体系中，STEM+ 玩创活动发挥着至关重要的作用，特别是在促进幼儿全面发展的过程中发挥了显著的影响。

首先，就认知发展而言，STEM+ 玩创活动通过实际操作和探索性学习激发了幼儿对周遭世界的好奇心，引导他们在探索的过程中学习观察、分析和解决问题。这种学习方式不仅深化了幼儿对科学知识的理解，还培养了他们的逻辑思维与创新能力。

其次，在情感与社交发展方面，通过鼓励幼儿与同伴合作完成任务，STEM+玩创活动为幼儿提供了一个学习与社交的良好平台。在这样的互动中，幼儿不仅能学习新知识，还能提高自己的沟通和协作能力。通过与伙伴的交流与合作，幼儿学会了如何理解和尊重他人的意见与观点，从而在情感上获得成长。

最后，STEM+玩创活动注重幼儿的身体发展。通过动手操作和身体活动，孩子们在玩耍中锻炼身体，提升他们的精细运动技能，比如手眼协调和平衡能力。

总而言之，STEM+玩创活动通过将学习与游戏相结合，确保了幼儿在享受乐趣的同时得到全面发展。它不仅让孩子们在认知上增长知识、情感上体验快乐、社交上建立友谊、身体上得到锻炼，更重要的是激发了幼儿探索世界的热情和对学习的爱好，为他们未来的学习和生活打下了坚实的基础。

二、加强创新实践，提升教师综合素质

（一）教师专业技能的提升

STEM+玩创活动作为我园的一项创新尝试，成功地将STEM教学的综合性与创客文化的趣味性及互动性结合在一起。这种活动的设计不仅为幼儿提供了丰富的学习体验，还创造了一个更加自然和愉悦的学习环境，激发了幼儿在游戏中的探索、学习和成长热情，同时对教师提出了更高的专业要求，促进了他们教学技能的提升。

教师在这一过程中需要深刻理解STEM教学和创客教育的理念，并将这些理论知识转化为实践的教学策略，设计和实施符合幼儿兴趣及需求的课程。这不仅锻炼了教师的实践能力，而且锻炼了教师创意教学活动设计和激发幼儿学习动力方面的技能。

（二）教师教育理念的进步

在推动我园STEM+玩创活动的过程中，我们深刻意识到教师的角色不只是知识的传授者，更是引导者和启发者。随着STEM+玩创活动的深入实施，教师们不仅在专业技能上取得了显著提升，而且他们的教育理念和教学观念也经历了一场深刻的变革。

这种变革主要体现在对教育目标的重新认识上。教师们开始更加注重幼儿的全

面发展，而不仅仅是单一的知识传授。他们认识到，STEM+玩创活动可以有效地促进幼儿的思维能力、创造能力和问题解决能力的培养。因此，教师们努力将这种活动与幼儿的日常学习和生活紧密结合，以期达到最佳的教育效果。我园为教师提供了持续的自我学习和专业发展支持，鼓励他们学习最新的教育理论，参与各类培训、研讨会以及教学交流。这种持续的学习和探索使得教师的知识储备日益丰富，其教育观念得以更新和升级。

STEM+玩创活动的推广丰富了幼儿的学习经验，更重要的是它成了促进教师综合素质提升的重要途径。通过这些活动，教师在提升自己的教育理念和改进教学方法的同时，为幼儿创造了更加有趣、富有探索性的学习环境，以共同推动了幼儿园教育质量的持续提高。

三、整合教育资源，推动园本课程建设

STEM+玩创活动不仅在我园教学实践中体现了创新，也成了整合教育资源和构建园本课程的关键动力。活动的设计和执行紧密结合了我园的教育资源，成为构建园本课程的核心。通过这种紧密的整合和协作，我们确保了课程内容的多样性和适应性，为幼儿提供了全面和个性化成长的支撑。

随着STEM+玩创活动的推进，教师能够在园本课程框架内根据幼儿的实际情况、兴趣和需求设计更加符合幼儿生活体验、能激发学习热情的教学活动。这促进教师在实践中对教育资源的积极整合和创新，鼓励他们挖掘和利用幼儿园内外的特色教育资源，以丰富课程内容，提升课程质量。更重要的是，STEM+玩创活动的实施本身已成为推动幼儿园园本课程建设的重要动力，这体现了园本课程在实际应用中的成效，并为课程的持续改进和优化提供了实践基础和反馈。

通过这些活动的有效实施，我们不仅能更好地满足幼儿多样化的学习需求，促进其个性化发展，还为幼儿创造了一个更加丰富多彩、充满自主探索乐趣的学习环境。

这种课程建设的实践不仅充分发挥了幼儿园现有教育资源的优势，还持续探索和创新，为幼儿营造了更完善和吸引人的学习环境。这样的资源整合和园本课程建

设无疑为幼儿的成长和发展提供了更坚实的基础和更广阔的空间。

四、加强家园联系，调动家长参与积极性

在我园推进 STEM+ 玩创活动的建设和实施过程中，我们显著地感到家长参与度的大幅提升。这不仅加强了家庭与幼儿园之间的联系，还深化了家园合作的内涵。通过积极引导家长参与 STEM+ 玩创活动，家长对幼儿园的教育理念和活动有了更深刻的理解和支持。这为幼儿的个性化和全面发展构建了更坚实的支持系统。

以往家长在幼儿教育中的参与往往是被动的。然而，STEM+ 玩创活动的推广特别强调基于幼儿具体情况和需求的个性化课程设计，促使家长从被动的配合者转变为积极的参与者。家长开始主动参与 STEM+ 玩创活动的实施。

随着家长在班级课程建设中参与度的提高，家园之间的联系显著加强。这种加强不仅体现在日常交流和沟通上，更体现在对幼儿园教育理念和实践的理解和支持上。家长通过参与各类活动，亲身体验了教学活动，深入了解了教育内容和方法，增进了对幼儿园工作的支持和信任。

家长的参与为他们提供了独特的视角，使他们能直观看到幼儿在学习过程中的进步与成长，并意识到在家庭中支持幼儿学习的重要性。这种密切合作使家长获得关于如何在家中创造有利于幼儿学习和发展的环境的宝贵建议和指导，从而提升了家庭教育的质量。

因此，家长在班级课程建设中的积极参与不仅是 STEM+ 玩创活动成功实施的关键，也是加强家园联系、促进幼儿全面发展的重要途径。这种合作模式的建立对推动幼儿园课程发展和提升教育质量具有深远的意义。

通过开展 STEM+ 小创客教育和 STEM+ 玩创活动，我园取得了显著成效并积累了丰富经验。面对未来的挑战和机遇，我们认识到当前的经验可能并不全面适用。因此，我们将继续持开放姿态，不断探索适应新时代需求的教育模式。

基于 STEM+ 玩创活动的实践，我园对未来发展进行了一些思考，希望在这些思考的基础上，继 STEM+ 小创客教育和 STEM+ 玩创活动之后，开展新一轮的教育模式探索。

一、合理开发和利用区域资源

合理开发和利用区域资源，为幼儿提供更加自主和广阔的探索空间。这不仅加深了幼儿的学习体验，同时为我们教师带来了新的启示。我们学会了如何有效地活用区域资源，从而引发不同的教育灵感，激发教育工作的新活力。

（一）巧用区域资源的四个关键点

在我园开展 STEM+ 玩创活动的实践过程中，我们深入思考并总结出利用区域资源的四个关键步骤，分别是"起""承""转""合"。

"起"——起始于幼儿的真实问题。区域资源的选择应始于幼儿的实际问题。我们发现，每一次有效的区域资源挖掘均源自幼儿在探究中遇到的问题或提出的需求。由幼儿的问题或兴趣引导的资源探索，能够激发幼儿学习的内在动力，使其表现出浓厚的好奇心和兴趣。如在汽车博物馆的活动中，正是幼儿的自主提问引发了与企业的有效联动，从而使幼儿在探究和学习过程中收获满满。

"承"——承接资源的有效互动。教师作为连接幼儿与区域资源的桥梁，扮演着至关重要的角色。当幼儿提出真实问题时，教师应搭建连接区域资源的桥梁，促进有效互动。幼儿与区域资源之间的桥梁一旦建立，便为幼儿开启了全新的探索之门，使他们能够自主地挖掘所需信息，并在此过程中获得丰富的体验。

"转"——转变传统的教育观念。我们鼓励大家在区域资源中自主探索，这需要我们转变传统的教育观念。这包括组织形式的转变（让幼儿真实融入区域资源中体验）及教育视角的转变（从幼儿的视角出发选择资源）。我们应基于幼儿的实际需求，为他们在资源中提供充分的探索和学习空间，鼓励他们自主创造和解决问题。

"合"——整合资源的成果转化。资源利用后的每一次探究都会有阶段性成果。这些成果及其呈现形式多样。教师应引导幼儿整合这些成果，最终将其转化为完整的项目成果。在此过程中，鼓励幼儿多样化地表达自己的观点，分享学习和探究成果，体验分享和创新的过程。这不仅能帮助幼儿整理思路，也让所有人看到了区域资源的有效利用。

（二）开发区域资源的措施

建立共同体，共享教育资源：我们计划从已建立的研究共同体中精选优秀教育资源，作为区域资源的补充。目前，我们已与多所幼儿园组成研究共同体，通过教研室的双向交互研究与指导，与联盟成员单位互动。我们旨在通过优势互补，共享教育资源和园本经验，依托研修机制，实施研究内容，总结经验模式，共同提升教育质量并实现共赢，从而增强区域学前教育的活力。

联动共发展，拓展新路径：创新的协作模式将促进幼儿园、教师和幼儿的发展。基于园本科学创新特色，我们已选定一些合作单位，并与多家企业、机构签订了合作协议。下一阶段，我们将在合作模式、联动主体和沟通方式上进行创新和深化，以实现突破。具体而言，一是在合作模式上，我们鼓励合作单位参与校园活动，通过各类活动激发幼儿的科学探究兴趣，并通过专业指导提高教师的科学素养，以支持幼儿、教师和幼儿园的整体发展；二是在联动主体上，我们将促使合作单位与我们共同成为合作主体，从"要我参与"的被动态度转变为"我要参与"的主动态度，增强合作单位在互动中的主体意识；三是在沟通方式上，我们计划利用信息化手段促进幼儿园与合作单位之间的良性互动，构建一个多元资源共育的和谐环境。

二、加强高质量的师幼互动

通过 STEM+ 玩创活动的实践，我们深感高质量的师幼互动为活动注入了新生命，促进了儿童的好奇与兴趣、主动性与积极性、反思与解释等学习品质的发展。因此，我园计划实施三项措施以加强师幼之间的高质量互动。

（一）构建双主体互动模式，激发儿童的好奇与兴趣

高质量的师幼互动应当是双向、交互的。教师应当充分赋予儿童发言权，倾听他们的思想和问题。儿童自主提出的问题往往反映了他们对问题的理解和对事物的好奇。只有通过"尊重"和"倾听"儿童的意见，教师才能在师幼互动中激发新的思维火花，形成儿童真正感兴趣的、乐于探究的互动话题，为高质量的师幼互动提供良好的基础。

（二）创设问题链互动情境，凸显儿童的主动性与积极性

儿童的主动学习伴随着与教师、同伴的交流、沟通、合作等活动。在个别化学习活动中，教师关注儿童是否能将所学知识从一种情境迁移到新的情境中，是否能主动合作、积极探究、解决项目中的问题，以此体现主动学习的过程。当儿童形成问题链时，教师不应急于介入解决，而应通过各种方式把问题抛给儿童，让他们在亲身体验、反复尝试和调整、发现结果的过程中主动学习，使儿童成为活动的真正主体。

对学龄前儿童而言，反思与解释是指对过去发生的事情及已有的言行进行思考。教师通过多元性评价来提高幼儿的反思与解释能力。一是反思式评价，如教师组织幼儿围绕"材料收集""计划改进"等角度进行讨论，引发幼儿间的互动。二是同伴互动式评价，如："我喜欢吹吹乐发射台，真有趣。""如果火箭发射台有个轮子会更方便，这样中班的弟弟妹妹也能玩发射游戏了……"教师鼓励不同小组对成果进行评价，包括对作品改进的思考、对朋友的鼓励和对弟弟妹妹的关爱，在互动评价中倾听并接纳不同的意见，以体现师幼互动的深度和温度。

总的来说，高质量的师幼互动的核心在于教师能够"看见"并"理解"儿童。

师幼互动需要双方的共同参与。我们通过：构建双主体互动模式来激发儿童的好奇心与兴趣；创设问题链的互动情境来突出儿童学习的主动性与积极性；实施多元性评价来增强儿童的反思与解释能力。在这样的高质量师幼互动中，儿童展现了一次又一次进步。在与教师及同伴的积极互动中，他们提出问题、规划方案、协同作业，从而实现了主动、深入的学习，其学习品质得到全面的提升。

后　记

　　在 STEM+ 玩创的探索旅程中，我们一同开启了幼儿教育的创新之旅。通过深入研究和实践小创客的培养，我们不仅探索了新的教育模式的可能性，还为幼儿们创造了更加丰富的学习体验。

　　谨对所有参与者的努力与贡献表示衷心的感谢。正是因为你们的热情参与和积极反馈，STEM+ 玩创活动才如此充满生机和活力。在 STEM+ 玩创的理念指引下，我们在幼儿的笑容中见证了成长的轨迹，看到了教育未来的广阔可能。

　　展望未来，我们将持续探索和创新，为幼儿教育注入更多的活力与创意。希望 STEM+ 玩创的理念能在更多地方落地生根，为孩子们的成长之路增添更多绚丽的色彩。

参考文献

［1］李槐青，彭琦凡.幼儿科学教育·科学［M］.北京：北京师范大学出版社，2013.

［2］李季湄，冯晓霞.《3—6岁儿童学习与发展指南》解读［M］.北京：人民教育出版社，2013.

［3］王春燕，秦元东，黎安林.幼儿园科学教育理论与实践［M］.南京：南京师范大学出版社，2010.

［4］张悦颖，夏雪梅.跨学科的项目化学习："4+1"课程实践手册［M］.北京：教育科学出版社，2018.

［5］夏雪梅.项目化学习设计：学习素养视角下的国际与本土实践［M］.北京：教育科学出版社，2018.

［6］王英.充满乐趣的STEM课程［M］.北京：中国发展出版社，2018.

［7］娄小韵.STEM教育视域下的幼儿科学素养发展研究［M］.长春：东北师范大学出版社，2018.

［8］龚卫玲.指向幼儿科学素养的表现性评价研究［M］.上海：上海三联书店，2019.

［9］上海市教育委员会教学研究室.上海市幼儿园办园质量评

价指南：试行稿［M］.上海：上海教育出版社，2020.

［10］傅骞，王辞晓.当创客遇上 STEAM 教育［J］.现代教育技术，2014，24（10）：37—42.

［11］杨现民，李冀红.创客教育的价值潜能及其争议［J］.现代远程教育研究，2015（2）：23—34.

［12］孙江山，吴永和，任友群.3D 打印教育创新：创客空间、创新实验室和 STEAM［J］.现代远程教育研究，2015（4）：96—103.

［13］杨晓哲，任友群.数字化时代的 STEM 教育与创客教育［J］.开放教育研究，2015（5）：35—40.

［14］赵慧臣，陆晓婷.开展 STEAM 教育，提高学生创新能力——访美国 STEAM 教育知名学者格雷特·亚克门教授［J］.开放教育研究，2016，22（5）：4—10.

［15］赵慧臣，周昱希，李彦奇，等.跨学科视野下"工匠型"创新人才的培养策略——基于美国 STEAM 教育活动设计的启示［J］.远程教育杂志，2017，35（1）：94—101.

［16］雷茹，周兰芳.STEM 教育融入幼儿园民族文化主题活动的探索与实践——以 A 市两所幼儿园开展的民族文化主题活动为例［J］.教育观察，2022，11（21）：77—80.

图书在版编目（CIP）数据

让幼儿在"玩创"中快乐成长 / 吕美芬编著. — 上
海：上海教育出版社，2024.4
ISBN 978-7-5720-2628-7

Ⅰ.①让… Ⅱ.①吕… Ⅲ.①创造教育－教学研究－
学前教育 Ⅳ.①G610

中国国家版本馆CIP数据核字(2024)第077949号

责任编辑　章琢之
封面设计　金一哲

让幼儿在"玩创"中快乐成长
吕美芬　编著

出版发行　上海教育出版社有限公司
官　　网　www.seph.com.cn
地　　址　上海市闵行区号景路159弄C座
邮　　编　201101
印　　刷　上海普顺印刷包装有限公司
开　　本　700×1000　1/16　印张 10.75
字　　数　168 千字
版　　次　2024年4月第1版
印　　次　2024年4月第1次印刷
书　　号　ISBN 978-7-5720-2628-7/G·2320
定　　价　80.00 元

如发现质量问题，读者可向本社调换　电话：021-64373213